Hinter dem Sachregister befindet sich ein ausführliches Verzeichnis der

Guttentagschen Sammlung

Deutscher Reichs- und Preußischer Gesetze

— Textausgaben mit Anmerkungen; Taschenformat —

die alle wichtigeren Gesetze in unbedingt zuverlässigem Abdruck und mit mustergültiger Erläuterung wiedergibt.

Guttentagsche Sammlung
Nr. 156. Deutscher Reichsgesetze. Nr. 156.
Textausgaben mit Anmerkungen.

Mietrecht
und
Wohnungsmangelgesetzgebung

im Reiche, in Preußen und in Berlin

nach dem Stande vom 15. November 1923.

Zusammengestellt und mit ausführlichem Schlagwortregister versehen
von
Landgerichtsrat O. Krieg.

Berlin und Leipzig 1923.
Walter de Gruyter & Co.
vormals G. J. Göschen'sche Verlagshandlung — J. Guttentag, Verlagsbuchhandlung — Georg Reimer — Karl J. Trübner — Veit & Comp.

Inhaltsverzeichnis.

Das Groß-Berliner Wohnungsnotrecht vom 15. Mai 1921/17. September 1922 ist nicht aufgenommen, weil es nächstens in neuer Fassung erscheint.

A.

Reichsmietengesetz.

Vom 24. März 1922 (RGBl. 273).

Gesetzliche Miete.

§ 1. Der Vermieter wie der Mieter eines Gebäudes oder Gebäudeteils kann jederzeit dem anderen Vertragsteil gegenüber erklären, daß die Höhe des Mietzinses nach den Vorschriften dieses Gesetzes berechnet werden soll (gesetzliche Miete). Die Erklärung bedarf der schriftlichen Form. Sie hat die Wirkung, daß die gesetzliche Miete von dem ersten Termin ab, für den die Kündigung nach § 565 des Bürgerlichen Gesetzbuchs zulässig sein würde, an die Stelle des vereinbarten Mietzinses tritt.

Kommt ein Einverständnis über die Höhe der gesetzlichen Miete nicht zustande, so entscheidet auf Antrag eines Vertragsteils das Mieteinigungsamt.

Auf Verlangen der Gemeindebehörde hat das Mieteinigungsamt Mietzinsvereinbarungen über Gebäude oder Gebäudeteile nachzuprüfen und, wenn der vereinbarte Mietzins im Vergleiche zu der gesetzlichen Miete für einen Vertragsteil eine schwere Unbilligkeit darstellt, an Stelle des vereinbarten Mietzinses die gesetzliche Miete festzusetzen.

Die oberste Landesbehörde kann für das ganze Land oder für bestimmte Gemeinden oder Gemeindeteile anordnen, daß das Mieteinigungsamt die Nachprüfung und

Festsetzung auch von Amts wegen vornehmen kann; sie kann weiter anordnen, daß Vereinbarungen über die Höhe des Mietzinses der Gemeindebehörde oder dem Mieteinigungsamt anzuzeigen sind.

Diese Vorschriften finden auch Anwendung, wenn der bisherige Mietzins durch das Mieteinigungsamt festgesetzt oder auf Grund landesrechtlicher Vorschriften zu berechnen war.

Berechnung der gesetzlichen Miete.

§ 2. Bei Berechnung der gesetzlichen Miete ist von dem Mietzins auszugehen, der für die mit dem 1. Juli 1914 beginnende Mietzeit vereinbart war (Friedensmiete). Der in der Friedensmiete für Betriebs- und Instandsetzungskosten enthaltene Betrag ist abzurechnen. Das gleiche gilt für Vergütungen, die in der Friedensmiete für die Heizstoffe für Sammelheizung oder Warmwasserversorgung oder für andere von der obersten Landesbehörde bestimmte Nebenleistungen (z. B. Glasversicherung) enthalten sind. Die oberste Landesbehörde hat für die abzurechnenden Beträge Hundertsätze der Friedensmiete festzusetzen. Der sich nach Abzug dieser Hundertsätze ergebende Betrag bildet die Grundmiete.

Der Vermieter hat dem Mieter auf Verlangen Auskunft über die Höhe der Friedensmiete zu geben. Insbesondere hat der Vermieter einen in seinem Besitze befindlichen Mietvertrag über die Räume, aus dem die Höhe der Friedensmiete hervorgeht, dem Mieter auf Verlangen vorzulegen.

Besteht über die Höhe der Friedensmiete Streit, so ist sie auf Antrag eines Vertragsteils von dem Mieteinigungsamte festzustellen.

War eine Friedensmiete nicht vereinbart oder läßt sie sich nicht mehr feststellen, oder weicht sie aus besonderen, in der damaligen Beschaffenheit des Raumes oder den damaligen Verhältnissen der Vertragsteile liegenden Gründen in außergewöhnlichem Umfang von dem damaligen ortsüblichen Mietzins ab, so hat das Mieteinigungsamt auf Antrag eines Vertragsteils als Friedensmiete den ortsüblichen Mietzins festzusetzen. Das gleiche gilt für Gebäude und Gebäudeteile, die nach dem 1. Juli 1914 bezugsfertig geworden oder in erheblicher Weise baulich verändert sind oder zu wesentlich anderen Zwecken verwendet werden, sofern diese Umstände einen abweichenden Mietzins rechtfertigen. Als ortsüblich ist der Mietzins anzusehen, der für die mit dem 1. Juli 1914 beginnende Zeit in der Gemeinde für Räume gleicher Art und Lage regelmäßig vereinbart war. Bei Bauten, deren Fertigstellung in der Zeit vom 1. Juli 1914 bis zum 30. Juni 1918 erfolgte, hat das Mieteinigungsamt die Friedensmiete in der Höhe festzusetzen, welche den gegen die Friedenszeit erhöhten Baukosten entspricht.

Stehen in einem Gebäude die Friedensmieten der einzelnen Wohnungen oder Räume in einem offenbaren Mißverhältnisse zueinander, so hat das Mieteinigungsamt auf Antrag eines Vertragsteils die Friedensmieten innerhalb ihres Gesamtbetrags gegeneinander auszugleichen. Für das Wertverhältnis ist die Ortsüblichkeit am 1. Juli 1914 maßgebend.

Der ortsübliche Mietzins ist nach Abs. 4 auch dann festzusetzen, wenn eine Festsetzung des ortsüblichen Mietzinses auf Grund landesrechtlicher Vorschriften erfolgt war.

§ 3. Zu der Grundmiete (§ 2 Abs. 1) treten Zuschläge für

1. die Steigerung der Zinsen einer in der Vorkriegszeit vorhandenen Belastung des damaligen Grundstückswerts, soweit die Belastung in dem Bezirke, für den der Zuschlag festgesetzt wird, allgemein üblich war, und die Steigerung der Kosten für die Erneuerung dieser Belastung,
2. die Betriebskosten,
3. die Kosten für laufende Instandsetzungsarbeiten.

Die Zuschläge zu 2 und 3 müssen der jeweiligen Höhe der Betriebskosten und der Kosten für laufende Instandsetzungsarbeiten Rechnung tragen. Sie sind in Hundertsätzen der Grundmiete festzusetzen und können nach Gruppen und Klassen von Mieträumen abgestuft werden.

§ 4. Betriebskosten sind für das Haus zu entrichtende Steuern, öffentliche Abgaben, Versicherungsgebühren, Verwaltungskosten und ähnliche Unkosten.

Die Kosten für Heizstoffe für Sammelheizung und Warmwasserversorgung und die von der obersten Landesbehörde nach § 2 Abs. 1 Satz 3 bestimmten Nebenleistungen sind nicht zu berücksichtigen.

§ 5. Als laufende Instandsetzungsarbeiten gelten nicht die vollständige Erneuerung der Dachrinnen und Ablaufrohre, das Umdecken des Daches, der Abputz oder Anstrich des Hauses im Äußeren, der Neuanstrich des ganzen Treppenhauses im Innern, die Erneuerung der Heizanlage bei Sammelheizung und Warmwasserversorgung (große Instandsetzungsarbeiten). Die oberste Landesbehörde kann bestimmen, daß auch ähnliche außerordentliche, einen größeren Kostenaufwand erfordernde Instandsetzungsarbeiten, soweit sie zur ordnungsmäßigen Erhaltung des Hauses als solchen erforderlich sind, als große Instandsetzungsarbeiten gelten sollen.

§ 6. Der Instandsetzungszuschlag (§ 3) ist von dem Vermieter für die erforderlichen laufenden Instandsetzungsarbeiten sachgemäß zu verwenden. Der Vermieter hat der Mietervertretung auf Antrag die Verwendung der Gelder nachzuweisen.

Hat der Vermieter die Ausführung notwendiger laufender Instandsetzungsarbeiten unterlassen oder die Gelder nicht sachgemäß verwendet, so hat eine von der obersten Landesbehörde zu bestimmende Stelle auf Antrag des Mieters oder von Amts wegen die sachgemäße Ausführung der Instandsetzungsarbeiten durch geeignete Anordnungen zu sichern. Sie kann insbesondere anordnen, daß die Mieter einen entsprechenden Teil des Mietzinses nicht an den Vermieter, sondern an die Stelle selbst oder eine andere Stelle zu entrichten haben; der hiernach zu zahlende Betrag darf nicht höher sein als der Instandsetzungszuschlag (§ 3). Ist eine solche Anordnung getroffen, so erlischt insoweit der Anspruch des Vermieters auf Zahlung des Mietzinses; nicht verwendete Beträge sind dem Vermieter herauszugeben.

Vor einer Anordnung nach Abs. 2 sind beide Vertragsteile zu hören. Handelt es sich dabei um schwierigere heiztechnische Fragen für Heizanlagen größeren Umfanges, so soll vor der Entscheidung eine geeignete sachverständige Stelle gehört werden.

Die oberste Landesbehörde regelt das Verfahren im einzelnen; sie kann insbesondere anordnen, daß die Beträge von den Mietern wie Gemeindeabgaben beigetrieben werden können.

Große Instandsetzungsarbeiten.

§ 7. Zur Schaffung von Mitteln für große Instandsetzungsarbeiten ist von den Mietern ein weiterer Zuschlag in einem Hundertsatze der Grundmiete zu zahlen, der von der obersten Landesbehörde festzusetzen ist. Dieser Zuschlag ist von dem Vermieter auf ein für sein Haus oder seinen Hausbesitz besonders einzurichtendes Hauskonto einzuzahlen und lediglich für große Instandsetzungsarbeiten an den Gebäuden des Vermieters zu verwenden. Eine Verfügung des Vermieters über das Hauskonto bedarf der Zustimmung der Mieter. Wird die Zustimmung verweigert, so kann sie auf Antrag des Vermieters durch eine von der obersten Landesbehörde zu bestimmende Stelle ersetzt werden. Die oberste Landesbehörde trifft nähere Anordnungen über die Zustimmung der Mieter sowie über die Einrichtung sowie die Verwendung des Hauskontos. Sie kann insbesondere anordnen, daß die Mieter den Zuschlag nicht an den Vermieter, sondern unmittelbar auf das Hauskonto einzuzahlen haben. Ist eine solche Anordnung getroffen, so erlischt insoweit der Anspruch des Vermieters auf Zahlung des Zuschlags. § 6 Abs. 4 findet Anwendung.

Die oberste Landesbehörde kann ferner anordnen, daß der Vermieter für nicht vermietete Räume sowie für Räume, für welche nicht die gesetzliche Miete zu zahlen ist, den entsprechenden Betrag auf das Hauskonto einzuzahlen hat. § 6 Abs. 4 findet Anwendung.

Gemeinden und Gemeindeverbände können mit Zustimmung der obersten Landesbehörde einen Ausgleichsfonds einrichten, aus dem für große Instandsetzungsarbeiten, die mit den im Abs. 1 bestimmten Zuschlägen nicht gedeckt werden können, an wirtschaftlich Schwache Beihilfen nach billigem Ermessen gewährt werden. Die Mittel hierzu sind durch einen besonderen Zuschlag zu dem nach den §§ 6, 9 des Gesetzes über die Erhebung einer Abgabe zur

Förderung des Wohnungsbaues vom 26. Juni 1921 (Reichsgesetzbl. S. 773)[1]) den Gemeinden (Gemeindeverbänden) zufließenden Zuschlag zu der Abgabe zur Förderung des Wohnungsbaues zu beschaffen. Die oberste Landesbehörde kann die Höhe des Zuschlags bestimmen, sie kann ferner nähere Vorschriften über die Verwaltung und Verwendung der Mittel erlassen. Über einen Antrag auf Gewährung von Mitteln aus dem Ausgleichsfonds ist unter Hinzuziehung von Vermieter- und Mietervertretern zu entscheiden. Sind örtliche Vermieter- und Mietervereinigungen vorhanden, so sind die von diesen benannten Vertreter zu hören. Der Ausgleichsfonds ist steuerfrei.

Mit Zustimmung des Reichsarbeitsministers kann die oberste Landesbehörde Ausnahmen von dem Grundsatz des Abs. 1 zulassen. Soweit eine solche Ausnahme zugelassen ist, ist auf Antrag eines Vertragsteils vom Mieteinigungsamt ein Zuschlag unter Berücksichtigung der Bedürfnisse des Gebäudes für eine im Einzelfalle seit Oktober 1920 ausgeführte oder in den nächsten zwölf Monaten erforderlich werdende große Instandsetzungsarbeit zu bestimmen.

§ 8. Läßt der Vermieter trotz Aufforderung durch die Gemeindebehörde eine notwendige große Instandsetzungsarbeit innerhalb einer angemessenen, von der Gemeindebehörde bei der Aufforderung zu bestimmenden Frist nicht ausführen, so ist die Gemeindebehörde berechtigt, die Arbeit selbst vorzunehmen. Im Falle des § 7 Abs. 1

---

[1]) Jetzt §§ 11, 14 des RGes. über die Erhebung einer Abgabe zur Förderung des Wohnungsbaues in der Fass. v. 28. 3. 23 (RGBl. I 238) in Verb. mit der VO., betr. die Erhebung einer Wohnungsbauabgabe in Preußen v. 4. 5. 23 (GS. 151); unten zu D, E.

kann die Gemeindebehörde die erforderlichen Mittel von dem Hauskonto in Anspruch nehmen. Im Falle des § 7 Abs. 4 ist sie zur Stellung des Antrags bei dem Mieteinigungsamte berechtigt. Das Mieteinigungsamt kann anordnen, daß die Mieter den Zuschlag nicht an den Vermieter, sondern an die Gemeindebehörde zu entrichten haben; ist eine solche Anordnung getroffen, so erlischt insoweit der Anspruch des Vermieters auf Zahlung des Betrags. Die Gemeindebehörde kann die Beträge von den Mietern wie Gemeindeabgaben beitreiben lassen.

§ 9. Hat der Vermieter das Gebäude erst nach dem 1. Januar 1920 erworben oder erwirbt er es erst nach dem Inkrafttreten dieses Gesetzes, so kann er die Gewährung von Mitteln für große Instandsetzungsarbeiten zur Beseitigung solcher Mängel nicht verlangen, die beim Erwerbe des Gebäudes bereits vorhanden waren, und die er gekannt hat oder kennen mußte.

Soweit der Vermieter mit Bezug auf das Gebäude Versicherungssummen, Vergütungen für Bergschäden oder Zuwendungen aus anderen Gründen zur Wiederherstellung des früheren Zustandes erhält, sind Mittel für große Instandsetzungsarbeiten nach § 7 nicht zu zahlen.

Gewerbliche Betriebe.

§ 10. Sind Räume an den Unternehmer eines gewerblichen Betriebs vermietet, so kann das Mieteinigungsamt auf Antrag des Vermieters einen besonderen Zuschlag zu der gesetzlichen Miete festsetzen, wenn und soweit infolge der Eigenart des Betriebs besonders hohe Betriebs- und Instandsetzungskosten entstehen und die nach § 3 Abs. 1 Nr. 2 und 3 festgesetzten Zuschläge zur Deckung dieser Kosten nicht ausreichen.

Für Räume, die zu gewerblichen Zwecken (§ 1 der Reichsgewerbeordnung) hergestellt sind oder mit Zustimmung der Gemeindebehörde für gewerbliche Zwecke verwendet werden, kann ein weiterer Zuschlag in Hundertsätzen der Grundmiete festgesetzt werden. Bei seiner Festsetzung ist auf die allgemeine Lage der Gewerbe sowie darauf Rücksicht zu nehmen, daß wirtschaftlich schwache Betriebe nicht in ihrer Existenz gefährdet werden. Der Zuschlag kann nach Klassen abgestuft werden.

Festsetzung der Hundertsätze.

§ 11. Die oberste Landesbehörde kann die in den §§ 2, 3, 7, 10 bezeichneten Hundertsätze für das Land oder für bestimmte Gemeinden oder Gemeindeteile selbst festsetzen oder die Festsetzung der Gemeindebehörde übertragen. Vor der Festsetzung der Hundertsätze sind Vermieter- und Mietervertreter zu hören; sind örtliche Vermieter- oder Mieterorganisationen vorhanden, so sind die von diesen benannten Vertreter zu hören. Eine Änderung der Hundertsätze ist zulässig; ist die Festsetzung durch die Gemeindebehörde erfolgt, so kann auch die oberste Landesbehörde die Sätze ändern. Die Änderung wirkt von dem auf den Zeitpunkt der Bekanntgabe folgenden nächsten Monatsersten oder von dem bei der Bekanntgabe bestimmten späteren Zeitpunkt. Das Nähere über das Verfahren bestimmt die oberste Landesbehörde.

Sammelheizung, Warmwasserversorgung und Nebenleistungen.

§ 12. Die Kosten der Heizstoffe für Sammelheizung und Warmwasserversorgung sowie für andere von der obersten Landesbehörde nach § 2 Abs. 1 Satz 3 bestimmte Nebenleistungen sind getrennt von der gesetzlichen Miete zu berechnen. Soweit derartige Nebenleistungen (z. B. Glasversicherung) nur bei einzelnen Mietern entstehen, haben nur diese Mieter sie zu tragen.

Die oberste Landesbehörde bestimmt, wie die Kosten der Heizstoffe für Sammelheizung und Warmwasserversorgung und die nach § 2 Abs. 1 Satz 3 bestimmten sonstigen Nebenleistungen auf die Mieter umzulegen sind. Sie kann anordnen, daß der Vermieter verpflichtet ist, dem Mieter Auskunft über die Höhe der Kosten der Heizstoffe oder der Nebenleistungen zu geben und die erforderlichen Belege vorzulegen.

§ 13. Das Mieteinigungsamt kann, gleichviel ob ein Mietzins vereinbart oder die gesetzliche Miete zu zahlen ist, auf Antrag eines Vertragsteils anordnen, daß der Vermieter berechtigt oder verpflichtet ist, die Sammelheizung oder Warmwasserversorgung in gewissen Fällen ganz oder teilweise einzustellen.

Ist eine solche Anordnung getroffen, so tritt eine entsprechende Minderung der für die Heizstoffe für Sammelheizung oder Warmwasserversorgung zu leistenden Vergütung ein.

Untermiete.

§ 14. Ist ein Mietraum weitervermietet, so muß der hierfür zu entrichtende Mietzins unter Berücksichtigung etwaiger Nebenleistungen, wie Überlassung von Einrichtungsgegenständen und Leistung von Diensten, in einem angemessenen Verhältnis zu dem auf den Raum entfallenden Teile des Hauptmietzinses stehen. Die oberste Landesbehörde hat nähere Bestimmungen über die Berechnung der Untermiete zu treffen. § 1 gilt entsprechend.

Abs. 1 gilt auch, wenn ein Hauseigentümer oder jemand, der ein Grundstück auf Grund eines Erbbaurechts, Nießbrauchs oder eines ähnlichen Rechtsverhältnisses innehat, einen Teil des von ihm selbst im Hause benutzten Raumes vermietet.

Entscheidungen des Mieteinigungsamts.

§ 15. Die auf Grund dieses Gesetzes vom Mieteinigungsamte getroffenen Entscheidungen gelten als vereinbarte Bestimmungen des Mietvertrags.

Ausnahmebestimmungen.

§ 16. Die Vorschriften dieses Gesetzes finden auf Neubauten oder durch Um- oder Einbauten neugeschaffene Räume, wenn sie nach dem 1. Juli 1918 bezugsfertig geworden sind oder künftig bezugsfertig werden, keine Anwendung. Das gleiche gilt für Räume in Gebäuden, die im Eigentume des Reichs, eines Landes oder einer sonstigen Körperschaft des öffentlichen Rechtes stehen und entweder öffentlichen Zwecken oder zur Unterbringung von Angehörigen der Verwaltung des Reichs, des Landes oder der Körperschaft dienen oder diesen Zwecken, falls die Gebäude bereits vor dem 1. Oktober 1918 im Eigentume der genannten Körperschaften standen, zu dienen bestimmt sind. Die Vorschriften des Gesetzes finden ferner keine Anwendung auf die Abgabe von Räumen solcher Gesellschaften und Genossenschaften, deren Zweck ausschließlich darauf gerichtet ist, minderbemittelten Familien oder Personen gesunde und zweckmäßig eingerichtete Wohnungen in eigens erbauten oder angekauften Häusern zu billigen Preisen zu verschaffen, und bei denen die unter Ziffer 1 des Abschnitts „Befreiungen" der Nr. 1 des Tarifs zum

Reichsstempelgesetze vom 3. Juli 1913 (Reichsgesetzbl. S. 639) in der Fassung des Gesetzes zur Änderung des Reichsstempelgesetzes vom 26. Juli 1918 (Reichsgesetzbl. S. 799) aufgeführten Voraussetzungen[1]) vorliegen; soweit derartige Gesellschaften und Genossenschaften einem Revisionsverbande nicht angehören, entscheidet die oberste Landesbehörde, ob die in dem ersten Halbsatz genannten Voraussetzungen zutreffen.

Auf Neubauten, die mit Zuschüssen aus den für die Wiederherstellung der während des Krieges zerstörten Gebiete bereitgestellten Mitteln errichtet sind, finden die Vorschriften dieses Gesetzes Anwendung.

Mietervertretung.

§ 17. Die Mieter eines Hauses sind berechtigt, einen oder mehrere von ihnen mit ihrer Vertretung in Miet-

---

[1]) Reichsstempelgesetz Tarifnummer 1, Befreiungen zu 1, lautet:

Von der Stempelabgabe befreit sind inländische Gesellschaften und Genossenschaften, wenn ihr Zweck ausschließlich gemeinnützig ist und wesentlich der Förderung der minderbemittelten Volksklassen dient, der Reingewinn satzungsmäßig auf eine höchstens fünfprozentige Verzinsung der Kapitaleinlagen beschränkt, auch bei Auslosungen, Ausscheiden eines Gesellschafters oder für den Fall der Auflösung der Gesellschaft nicht mehr als der Nennwert des Anteils zugesichert und bei der Auflösung der etwaige Rest des Gesellschaftsvermögens für gemeinnützige Zwecke bestimmt ist. Die Entscheidung darüber, ob die vorbezeichneten Voraussetzungen vorliegen, erfolgt im Einverständnisse mit dem Reichskanzler durch die oberste Landesfinanzbehörde.

Diese ist ermächtigt, im Einverständnisse mit dem Reichskanzler die Befreiung auch dann zu bewilligen, wenn die Gesellschaft satzungsmäßig eine höchstens sechsprozentige Verzinsung der Kapitaleinlagen gewährt.

angelegenheiten zu beauftragen (Mietervertretung, Vertrauensmann der Mieter, Mieterausschuß).

Die Mietervertretung soll das Einvernehmen zwischen den Mietern und dem Vermieter fördern. Jeder Beteiligte soll sich in Streitfällen, insbesondere vor Anrufung des Mieteinigungsamts, zunächst an die Mietervertretung, soweit eine solche vorhanden, wenden; diese soll den Sachverhalt nach Möglichkeit klären und eine gütliche Einigung herbeizuführen suchen. Die Mietervertretung ist ferner befugt, die nach § 6 zulässigen Anträge neben dem Mieter oder an seiner Stelle zu stellen. In den Fällen des § 7 Abs. 1 Satz 4 und Abs. 4 soll vor der Entscheidung über einen Antrag des Vermieters die Mietervertretung gehört werden. Im Falle des § 7 Abs. 3 kann die oberste Landesbehörde bestimmen, daß die Mietervertretung die Auszahlung von Mitteln beantragen kann. Für Mieträume mit Sammelheizung und Warmwasserversorgung kann von der obersten Landesbehörde bestimmt werden, daß der Vermieter die Kosten der Heizstoffe einer zu diesem Zwecke nach näherer Anordnung der obersten Landesbehörde zu bildenden Mietervertretung nachzuweisen hat und daß dieser ein Mitwirkungs- und Aufsichtsrecht bei Beschaffung, Lagerung und Verwendung der Heizstoffe zusteht.

Bei der Wahrnehmung ihrer Aufgaben hat die Mietervertretung dahin zu wirken, daß die Vertragsteile Forderungen und Maßnahmen unterlassen, welche die gemeinsamen Interessen der Vertragsteile oder das Gemeininteresse schädigen.

Mietenverzeichnis.

§ 18. Die oberste Landesbehörde kann allgemein oder

für bestimmte Gemeinden anordnen, daß der Vermieter der Gemeindebehörde binnen einer bestimmten Frist anzuzeigen hat, was ihm über die Höhe der das Haus betreffenden Friedensmieten (§ 2 Abs. 1 Satz 1) bekannt ist. In den Fällen des § 2 Abs. 3, 4 und 5 hat das Mieteinigungsamt die von ihm festgestellte oder festgesetzte Friedensmiete der Gemeindebehörde mitzuteilen.

Die Gemeindebehörden haben die Anzeigen zu sammeln und nach näherer Bestimmung der obersten Landesbehörde aufzubewahren. Die oberste Landesbehörde bestimmt auch die Form und den Inhalt der von dem Vermieter zu erstattenden Anzeige.

Schlußbestimmungen.

§ 19. Auf die nach diesem Gesetze den Vertragsteilen zustehenden Rechte kann nicht verzichtet werden. Eine Vereinbarung, nach der einem Vertragsteil bei Ausübung der Rechte besondere Nachteile erwachsen sollen, ist unwirksam.

Die Vorschriften dieses Gesetzes finden auch auf Verträge Anwendung, die unter Umgehung oder zum Zwecke der Umgehung des Gesetzes abgeschlossen sind.

§ 20. Tritt die gesetzliche Miete an die Stelle des vereinbarten Mietzinses, so richtet sich die Verpflichtung zur Tragung der Betriebskosten und zur Instandhaltung des Mietraums nach den Vorschriften des Bürgerlichen Gesetzbuchs; außerdem erlischt jede vom Vermieter oder Mieter übernommene, ihm nach den Vorschriften des Bürgerlichen Gesetzbuchs über den Mietvertrag nicht obliegende Verpflichtung, sofern sie auf die Festsetzung der Höhe des Mietzinses offenbar von Einfluß war. Im übrigen bleiben die auf Gesetz oder Vertrag beruhenden Rechte und Pflichten der Vertragsteile unberührt.

§ 21. Die Reichsregierung kann mit Zustimmung des Reichsrats Vorschriften zur Ausführung dieses Gesetzes erlassen. Soweit sie von dieser Befugnis keinen Gebrauch macht, kann die oberste Landesbehörde die Ausführungsvorschriften erlassen.

§ 22. Die oberste Landesbehörde kann die in diesem Gesetz ihr selbst oder der Gemeindebehörde zugewiesenen Befugnisse allgemein oder in bestimmten Fällen anderen Stellen übertragen. Sie kann anordnen, daß die Berechnung der gesetzlichen Zuschläge in bestimmten Gemeinden oder Gemeindeteilen nach anderen Grundsätzen erfolgen soll, als im Gesetze vorgesehen ist, insbesondere, daß die Zuschläge für einzelne Mieträume besonders zu berechnen sind. Sie kann nach Anhörung des Reichsarbeitsministers weiter anordnen, daß bestimmte Gemeinden oder Gemeindeteile oder bestimmte Arten von Mieträumen von den Bestimmungen dieses Gesetzes auszunehmen sind; sie kann nach Anhörung des Reichsarbeitsministers ferner anordnen, daß für das Land oder für bestimmte Gemeinden oder Gemeindeteile die gesetzliche Miete für alle Mietverhältnisse gelten soll.

§ 23. Ein Vermieter, der eine ihm nach § 1 Abs. 4 oder § 18 obliegende Anzeige vorsätzlich nicht oder nicht rechtzeitig erstattet oder wissentlich unrichtige oder unvollständige Angaben macht, wird mit Geldstrafe bis zu hunderttausend Mark oder mit Haft bestraft.

§ 24. Dieses Gesetz tritt zu dem von der obersten Landesbehörde bestimmten Tage, spätestens am 1. Juli 1922 in Kraft; gleichzeitig tritt die Verordnung über Sammelheizung und Warmwasserversorgungsanlagen in Mieträumen vom 22. Juni 1919 (Reichsgesetzbl. S.

595) / 29. Oktober 1920 (Reichsgesetzbl. S. 1846) außer Kraft. Ein auf Grund der bisherigen Vorschriften festgesetzter Mietzins gilt als vereinbart.

Das Gesetz tritt mit dem 1. Juli 1926 außer Kraft.

B.

Preuß. Ausführungsverordnung zum Reichsmietengesetz.

Vom 12. Juni 1922 (PrGS. 129).

Aufgehoben durch die VO. zu C bis auf folgende Bestimmungen:

Zu § 18. In Gemeinden über 2000 Einwohner haben die Vermieter binnen sechs Wochen nach Inkrafttreten des Reichsmietengesetzes der Gemeindebehörde anzuzeigen, was ihnen über die Höhe der das Haus betreffenden Friedensmieten bekannt ist, soweit dies nicht bereits geschehen ist. Aus der Anzeige hat der Mietzins für jede Wohnung oder sonstigen Mietraum getrennt hervorzugehen. Die Anzeigen sind vor Absendung den Mietern oder der Mietervertretung zur Kenntnisnahme vorzulegen. Die Mieter oder die Mietervertretung haben die Kenntnisnahme zu bescheinigen. Die Gemeindebehörden haben die Anzeigen straßenweise geordnet aufzubewahren und sie den Mieteinigungsämtern auf Erfordern zur Ermittlung der ortsüblichen Miete zur Verfügung zu stellen.

Zu § 24. Das Reichsmietengesetz tritt in Preußen am 1. Juli 1922 in Kraft, die Verordnung vom 9. Dezember

1919 — Preußische Gesetzsamml. S. 187 ff. —[1]) mit dem Ablauf des 30. Juni 1922 außer Kraft.

Berlin, den 12. Juni 1922.

Der Preußische Minister für Volkswohlfahrt.
Hirtsiefer.

C.

Preuß. Ausführungsbestimmungen zum Reichsmietengesetz.

Vom 4. August 1923 (PrGS. 382).

Zur Ausführung des Reichsmietengesetzes bestimme ich unter Aufhebung meiner Ausführungsverordnung vom 12. Juni 1922, jedoch unter Aufrechterhaltung der Bestimmungen zu § 18 und § 24 [2]), was folgt:

A. Allgemeine Bestimmungen.

I. Gemeindebehörde im Sinne dieses Gesetzes ist der Gemeindevorstand (Magistrat oder Bürgermeister, Gemeindevorsteher), für Gemeinden unter 2000 Einwohner der Kreisausschuß (siehe aber XXX).

II. Das Mieteinigungsamt kann Mietzinsvereinbarungen über Gebäude oder Gebäudeteile auch von Amts wegen

---

[1]) sog. Höchstmietenverordnung; vgl. aber § 53 MieterschutzG., unten zu K.

[2]) oben zu B.

nachprüfen und, wenn der vereinbarte Mietzins im Vergleich zu der gesetzlichen Miete für einen Vertragsteil eine schwere Unbilligkeit darstellt, an Stelle des vereinbarten Mietzinses die gesetzliche Miete festsetzen.

Die Gemeindebehörde kann anordnen, daß der Vermieter Vereinbarungen über die Höhe des Mietzinses, nach denen eine andere als die gesetzliche Miete zu zahlen ist, binnen zwei Wochen nach Abschluß der Vereinbarung der Gemeindebehörde anzuzeigen hat.

III. Von den Bestimmungen des Reichsmietengesetzes werden nach Anhörung des Reichsarbeitsministers ausgenommen Räume in Gebäuden, die, abgesehen von den Wohnungen des für die Verwaltung, Bewachung und Beheizung des Gebäudes notwendigen hierfür angestellten Personals (Hausverwalter, Hauswart, Heizer, Nachtwächter), ausschließlich gewerblichen, geschäftlichen oder industriellen Zwecken dienen. Für die Verwaltung, Bewachung und Beheizung eines Hauses notwendig sollen im allgemeinen nicht mehr als zwei Angestellte angesehen werden.

Ob die Voraussetzungen vorliegen, entscheidet auf Anrufen eines Vertragsteils das Mieteinigungsamt.

B. Besondere Bestimmungen.

Berechnung der gesetzlichen Miete.

IV. Von der Friedensmiete sind in Häusern ohne Sammelheizung und Warmwasserversorgung bei jedem Mietraum, auf den die gesetzliche Miete Anwendung findet, abzurechnen:

1. für Instandsetzungskosten und die in der Friedensmiete enthalten gewesenen Betriebskosten 20 vom Hundert;
2. Vergütungen, die in der Friedensmiete enthalten sind:

a) für Nebenleistungen des Vermieters, welche nicht die Raumbenutzung betreffen, aber neben der Raumbenutzung auf Grund des Mietvertrags gewährt werden (Bereitstellung von Wasserkraft, Elektrizität, Dampf, Preßluft und dgl.);

b) für Nebenleistungen des Vermieters, welche zwar die Raumnutzung betreffen, aber nur einzelnen Mietern zugute kommen (z. B. Spiegelglasversicherung);

c) für sonstige von der Gemeindebehörde mit Zustimmung der kommunalen Aufsichtsbehörde zu bestimmende Nebenleistungen (z. B. Fahrstuhlbenutzung).

Das gleiche gilt für Häuser mit Sammelheizung und Warmwasserversorgung mit der Maßgabe, daß bei jedem Mietraum, auf den die gesetzliche Miete Anwendung findet, zunächst für die Heizstoffe für Sammelheizung 9 vom Hundert, für die Heizstoffe für Warmwasserversorgung 3 vom Hundert abzuziehen sind.

V. Die Hundertsätze unter IV 2 sind von der Gemeindebehörde festzusetzen.

VI. Die Festsetzung des ortsüblichen Mietzinses vom 1. Juli 1914 lediglich auf Grund des abgeschätzten „Bauwerts vom 1. Juli 1914" oder auf Grund einer Abschätzung ohne Rücksicht auf die für Räume gleicher Art und Lage vereinbarten Mieten oder die Aufstellung von Durchschnittsmietpreisen für das Quadratmeter benutzter Fläche ist unzulässig. Der ortsübliche Mietzins ist im Einzelfalle durch Vergleich mit dem Mietzins zu ermitteln, „der für die mit dem 1. Juli 1914 beginnende Zeit in der Gemeinde für Räume gleicher Art und Lage regelmäßig vereinbart war".

VII. Der Vermieter sowie jeder Mieter können die Feststellung, Festsetzung oder den Ausgleich der Friedensmiete beim Mieteinigungsamt auch hinsichtlich solcher Räume beantragen, für welche nicht die gesetzliche Miete gezahlt wird.

VIII. Bei der Festsetzung oder Feststellung der Friedensmiete ist auch der Wert aller geldwerten Nebenleistungen, die der Mieter vertraglich vor dem 1. Juli 1914 übernommen hatte (z. B. Instandsetzungsarbeiten, Entrichtung des Mietzinses durch Naturalleistung), der Friedensmiete hinzuzurechnen.

Der Zuschlag für die Steigerung der Zinsen nach § 3 Abs. 1 Nr. 1.

IX. Der Zuschlag für die Steigerung der Zinsen und für die Steigerung der Kosten für die Erneuerung der Grundstücksbelastung (§ 3 Nr. 1) ist in einem Hundertsatz festzusetzen.

Bei der Festsetzung des Zuschlags in einem Hundertsatze kann die Gemeindebehörde in der Weise verfahren, daß von ihr unter Zuziehung von Vermietern und Mietern bzw. Vertretern von Vermieter- oder Mieterorganisationen (vgl. § 11) eine Anzahl Miethäuser ausgesucht werden, die seit dem 1. Juli 1914 den Eigentümer nicht gewechselt haben, deren Belastung in der Vorkriegszeit im Verhältnis zum gemeinen Grundstückswerte vom 1. Juli 1914 in dem Bezirke, für den der Zuschlag festgesetzt wird, als allgemein üblich anzusehen war, und die seit der Vorkriegszeit nicht höher geworden ist. Häuser, die mit Hypotheken belastet sind, die die sogenannte Goldklausel (rückzahlbar oder verzinslich in Gold) enthalten, dürfen als Typenhäuser nicht ausgewählt werden; ebenso nicht von Interessenten bezeichnete Häuser. Insoweit bei derartigen Häusern auf Grund der vorgelegten Belege eine Steigerung der Hypothekenzinsen und eine Steigerung der Kosten für die Erneuerung der Grundstücksbelastung festgestellt wird, ist die Steigerung bei jedem Typenhaus in einen Hundertsatz der Gesamtgrundmiete umzurechnen und sodann bei den ausgesuchten Häusern ein mittlerer Durchschnitt zu ziehen. Der Durchschnittshundertsatz ist als Zuschlag zur Grundmiete festzusetzen.

Die Berechnungen an den ausgesuchten Häusern sind den Vertretern der Vermieter- und Mieterorganisationen auf Verlangen zur Kenntnisnahme vorzulegen.

Die Zinssteigerung und die Steigerung der Kosten für die Erneuerung der Grundstücksbelastung kann auf Antrag der Gemeindebehörde mit Zustimmung der Kommunalaufsichtsbehörde auf die Mieter umgelegt werden.

Der Zuschlag für die Betriebskosten nach § 3 Abs. 1 Nr. 2.

X. Als Betriebskosten gelten:

1. die für das Haus zu entrichtenden Grund- und Gebäudesteuern;
2. Entwässerungs- (Kanalisations-) Gebühren und Entgelt für Fäkalienabfuhr;
3. Straßenreinigungsgebühren;
4. Wassergeld;
5. Schornsteinfegergeld;
6. die Kosten für Müll- und Schlackenabfuhr;
7. die Kosten für die Treppen- und Flurbeleuchtung sowie für die Beleuchtung derjenigen Räume, die für die gemeinsame Benutzung der Mieter bestimmt sind (z. B. gemeinsamer Trockenboden, Waschküche, Keller);
8. die Kosten für Versicherung gegen Feuer-, Glas-,

Wasserleitungs-, Sturm- und Aufruhrschäden sowie auch Haftpflichtversicherung in ortsüblicher Höhe;

9. die Kosten für Bürgersteig- und Straßenunterhaltung;
10. die Kosten für die von einer Behörde zur Beseitigung einer Ansteckungsgefahr getroffenen Maßnahmen (z. B. Rattenvertilgung);
11. die Verwaltungskosten einschließlich eines billigen Entgelts für die für das Haus aufgewandte Tätigkeit;
12. die Kosten, die dem Vermieter durch die Beschaffung des Reinigungsmaterials entstehen.

XI. Für die Betriebskosten ist ein allgemeiner Hundertsatz festzusetzen.

Die in IV 2 a, b und c genannten Nebenleistungen und die Kosten der Heizstoffe für Sammelheizung und Warmwasserversorgung, wozu auch die Kosten der Anfuhr gehören, sind in der Bekanntmachung betreffend die Festsetzung eines allgemeinen Hundertsatzes ausdrücklich auszunehmen. Sie sind nach § 12 getrennt von der gesetzlichen Miete zu berechnen. Soweit derartige Nebenleistungen (z. B. Glasversicherung) nur bei einzelnen Mietern entstehen, haben nur diese sie zu tragen. Die Kosten des Fahrstuhlbetriebs gehen mangels anderweitiger Vereinbarungen zu Lasten derjenigen Mieter, deren Mieträume an den Fahrstuhl angeschlossen sind, sofern nicht alle diese Mieter auf die Benutzung des Fahrstuhls verzichten.

Die Festsetzung eines Zuschlags für Abschreibung und Risikoprämie ist unzulässig.

XII. Hat die Gemeindebehörde bei der Festsetzung des Zuschlags für Zinssteigerung nach IX Abs. 2 verfahren, so ist der allgemeine Zuschlag für Betriebskosten an den ausgesuchten Häusern in der gleichen Weise zu berechnen,

d. h. die Gesamtsumme der Betriebskosten ist bei jedem einzelnen Hause in einen Hundertsatz der Gesamtgrundmiete umzurechnen, worauf bei den ausgesuchten Häusern der Durchschnittshundertsatz als Zuschlag zur Grundmiete festzusetzen ist. Die gesamten Berechnungen an den ausgesuchten Häusern, auch die zu IX, sind den Vertretern der Vermieter bzw. Mieterorganisationen auf Verlangen zur Kenntnisnahme vorzulegen.

XIII. Betriebskosten mit Ausnahme der unter X 11 und 12 aufgeführten Kosten können auf Anordnung der Gemeindebehörde auf die selbständigen Wohnungen oder die selbständigen Mieträume anderer Art umgelegt werden. Hierbei sind auch Räume, für die nicht die gesetzliche Miete zu zahlen ist oder die nicht vermietet sind, zu berücksichzigen.

XIV. Wird ein Grundstück veräußert, so ist die Umlegung der Betriebskosten insoweit unzulässig, als sie durch die Veräußerung entstanden sind.

Wird ein Grundstück veräußert und neu zur Grund- und Gebäudesteuer veranlagt, so ist die Umlage der hierdurch erhöhten Grund- und Gebäudesteuern zulässig.

XV. Wird die Umlegung der Betriebskosten angeordnet, so sind die Feuerversicherungsbeiträge in angemessener Höhe auf die selbständigen Wohnungen oder die selbständigen Mieträume anderer Art in Höhe von 95 vom Hundert umzulegen. Hierbei sind auch Räume, für die nicht die gesetzliche Miete zu zahlen ist oder die nicht vermietet sind, zu berücksichtigen.

Steht das Haus in einer besonderen Gefahrenklasse, so gehen die durch die Versicherung des Gebäudes in der höheren Gefahrenklasse entstehenden Mehrkosten zu Lasten desjenigen Mieters (oder Vermieters), der sie verursacht hat.

Bei Streit über die Angemessenheit der Versicherungsbeiträge entscheidet auf Anrufen eines Vertragsteils das Mieteinigungsamt.

XVI. Soweit die Höhe der Betriebskosten nicht durch Staat oder Gemeindebehörde oder durch einen anderen öffentlich-rechtlichen Verband bestimmt ist, hat die Gemeindebehörde die Höhe durch einen Hundertsatz zur Grundmiete zu begrenzen. Die Kommunalaufsichtsbehörde kann die Begrenzung ändern. Sie kann auch die Umlegung von Amts wegen anordnen.

XVII. Der Vermieter kann unbeschadet der Bestimmung des nächsten Absatzes die Zahlung der Betriebskosten erst verlangen, nachdem er die Belege den Mietern oder, wenn eine Mietervertretung vorhanden ist, dieser vorgelegt und gemeinschaftlich mit ihnen die Gesamtsumme der umzulegenden Betriebskosten in einen Hundertsatz der Gesamtgrundmiete umgerechnet hat. Dieser Hundertsatz ist als Zuschlag zu jeder einzelnen Grundmiete des Hauses hinzuzurechnen.

XVIII. Die Gemeindebehörde kann einen angemessenen Hundertsatz der Grundmiete, höchstens jedoch in Höhe von $^4/_5$ der im letzten Monat oder im letzten Vierteljahr entstandenen Betriebskosten, bestimmen, den der Vermieter als monatlichen oder vierteljährlichen Vorschuß auf die umzulegenden Betriebskosten von den Mietern außer der Grundmiete und den nach festen Zuschlagsätzen zu erhebenden Beträgen bei der Mietzahlung verlangen darf.

Die Abrechnung der von den Mietern geleisteten Vorschußzahlung erfolgt bei der Umlage.

Zu weiterer Vorschußzahlung ist der Mieter erst verpflichtet, wenn über die im letzten Monat oder Kalendervierteljahr geleistete Vorschußzahlung abgerechnet worden ist.

Der Zuschlag für die Kosten für laufende Instandsetzungsarbeiten nach § 3 Abs. 1 Nr. 3.

XIX. Für die Kosten für laufende Instandsetzungsarbeiten ist ein allgemeiner Hundertsatz festzusetzen.

Das Tapezieren und Anstreichen oder Kalken der Wände und Decken, das Streichen der Fußböden und der Fenster, das Anstreichen der Türen, die Instandhaltung der Badeeinrichtungen, der Wasserhähne (Neuauflegung von Scheiben), der Kochherde, der Öfen innerhalb der Wohnungen oder sonstiger Mieträume sowie das Instandhalten der Jalousien kann von dem allgemeinen Hundertsatz ausgenommen werden. Auf Antrag einer Gemeindebehörde kann die Kommunalaufsichtsbehörde die Herausnahme dieser Instandsetzungsarbeiten anordnen.

Soweit Kosten für laufende Instandsetzungsarbeiten aus dem allgemeinen Hundertsatz ausgenommen sind, hat jeder Mieter nur die Kosten der in seinen Mieträumen tatsächlich gemachten Reparaturen gegen Vorzeigen der Belege zu tragen. Der Mieter ist vor der Vornahme der Reparaturen zur Bestimmung der Handwerker berechtigt, die die Arbeiten ausführen sollen. Er kann die Arbeiten selber ausführen, sofern er die erforderliche berufliche Ausbildung hierfür besitzt.

Bei Streit über die Notwendigkeit einer solchen Instandsetzungsarbeit und über die Eignung des Mieters zur Ausführung derselben entscheidet die im § 6 genannte Stelle, ob die Arbeit auszuführen ist.

Der Anspruch des Mieters (auch Zwangsmieters) gegen

den Vermieter auf Überlassung und Erhaltung der vermieteten Sachen in einem zu dem vertragsmäßigen Gebrauch geeigneten Zustande gemäß §§ 536 ff. BGB. bleibt unberührt.

XX. Der Vermieter hat in der Zeit vom 1. bis 10. Februar und vom 1. bis 10. August eines jeden Jahres den Mietern (oder der Mietervertretung) auf Antrag die Verwendung der Gelder für laufende Instandsetzungsarbeiten nachzuweisen. Weigert sich der Vermieter, diesen Nachweis zu erbringen, so kann er auf Antrag der Mieter oder der Mietervertretung durch die Gemeindebehörde nach Maßgabe des § 132 des Gesetzes über die allgemeine Landesverwaltung vom 30. Juli 1883 hierzu angehalten werden.

XXI. Als „Stelle" im Sinne des § 6 Abs. 2 wird die Gemeindebehörde bestimmt. Diese ist befugt und auf Anordnung der Kommunalaufsichtsbehörde verpflichtet, eine paritätisch aus Vermietern und Mietern zusammengesetzte Schlichtungsstelle einzusetzen.

Die Vorsitzenden und die Beisitzer dieser Stelle werden von der Gemeindebehörde ernannt.

Das Nähere über die Einrichtung der Schlichtungsstelle und über das Verfahren bestimmt die Gemeindebehörde.

Sie ist berechtigt, für die durch das Verfahren entstehenden Kosten Gebühren zu erheben.

XXII. Die „Stelle" hat auf Antrag der Mieter oder der Mietervertretung die sachgemäße Ausführung aller notwendigen, zur Erhaltung des Hausbestandes, der Gebrauchsfähigkeit der Wohnungen und der Gesundheit der Mieter erforderlichen laufenden Instandsetzungsarbeiten zu sichern. Sie kann Instandsetzungsarbeiten dieser Art auch von Amts wegen anordnen. Zu diesem Zwecke kann sie insbesondere die Anordnung treffen, daß der Instandsetzungszuschlag von allen Mietern bis zur Höhe des erforderlichen Gesamtbetrages an eine von ihr zu bestimmende Stelle zu zahlen ist; sie kann die Mieter oder die Mietervertretung ermächtigen, die Arbeiten innerhalb einer bestimmten Frist ausführen zu lassen oder auf andere Weise die Ausführung der Arbeiten anordnen.

XXIII. Soweit von der Stelle eine Anordnung nach XXII getroffen ist, können die Beträge von den Mietern wie Gemeindeabgaben beigetrieben werden.

Der Zuschlag für große Instandsetzungsarbeiten nach § 7.

XXIV. Als große Instandsetzungsarbeiten gelten nur die im § 5 aufgeführten Arbeiten.

a) Hauskonten.

XXV. Mit Zustimmung des Reichsarbeitsministers bestimme ich:

1. Hauskonten sind in allen Gemeinden einzurichten, in denen die Gemeindebehörde die Einrichtung solcher Konten beschließt und die Kommunalaufsichtsbehörde zu dieser Einrichtung die Genehmigung gibt. In denjenigen Gemeinden, in denen Hauskonten einstweilen nicht eingerichtet werden, ist es auf Grund des § 22 den Mieteinigungsämtern überlassen, im Einzelfalle einen Sonderzuschlag für große Instandsetzungsarbeiten nach Abs. 4 festzusetzen.
2. Die Anlage der Hauskonten hat nach näherer Anordnung der Gemeindebehörde so zu geschehen, daß eine Verfügung über sie ohne Zustimmung der Mieter oder der Mietervertretung nicht erfolgen kann.
3. Für die Einrichtung kommen nach Ermessen der Ge-

meindebehörde gesperrte Sparkassenbücher, gesperrte Konten bei Banken und sonstigen Kreditinstituten — auch Konten auf den Namen des Vermieters und der Mieter oder der Mietervertretung lautend — in Betracht.

4. Bei Bemessung der Höhe des Zuschlags ist davon auszugehen, daß er nach § 7 Abs. 1 Zeile 1 nur zur Schaffung von Mitteln — nicht der Mittel — für große Instandsetzungsarbeiten dienen soll und nur für die Verzinsung und Tilgung des für große Instandsetzungsarbeiten aufgewandten Kapitals zu verwenden ist.
5. Die Mieter haben den Zuschlag unmittelbar auf das gesperrte Hauskonto einzuzahlen.
6. Auch der Vermieter hat für nicht vermietete Räume (z. B. eigene Wohnung des Hausbesitzers, leerstehende Räume und Räume, über die nicht ein Mietvertrag, sondern ein Vertrag anderer Art abgeschlossen ist) sowie für Räume, für welche nicht die gesetzliche Miete zu zahlen ist, den entsprechenden Betrag auf das Hauskonto einzuzahlen (vgl. § 7 Abs. 2).
7. Das Hauskonto ist lediglich für große Instandsetzungsarbeiten in Anspruch zu nehmen.
8. Die Zustimmung der Mieter zur Verwendung des Hauskontos hat schriftlich zu erfolgen. Sie kann durch die Mietervertretung erfolgen und hat die großen Instandsetzungsarbeiten, für die das Hauskonto in Anspruch genommen werden soll, sowie den Geldbetrag, bis zu dessen Höhe die Zustimmung erteilt wird, genau zu bezeichnen. Die Zustimmung ist unwirksam, sofern sie sich auf Instandsetzungsarbeiten bezieht, die nicht „große" im Sinne des § 5 sind.

9. Die Gemeindebehörde kann anordnen, daß eine Auszahlung aus dem Hauskonto nur dann erfolgen darf, wenn eine Bescheinigung der Baupolizeibehörde vorgelegt wird, die die Notwendigkeit und die Angemessenheit der beantragten Mittel bestätigt.
10. Als „Stelle", welche darüber zu entscheiden hat, ob die Zustimmung der Mieter zur Verwendung über das Hauskonto zu ersetzen ist, wird das Mieteinigungsamt bestimmt.
11. Reichen die Mittel des Hauskontos nicht für Verzinsung und Tilgung sämtlicher großen Instandsetzungsarbeiten aus, so hat das Mieteinigungsamt nach Anhörung der Baupolizeibehörde zu bestimmen, welche großen Instandsetzungsarbeiten zunächst vorzunehmen sind.

XXVI. Vorbehaltlich von Zuschlägen im Einzelfalle gemäß XXVII haben einen allgemeinen Zuschlag nach § 7 Abs. 1 für große Instandsetzungsarbeiten die Mieter in denjenigen Gebäuden nicht zu entrichten, welche
1. mit Ausnahme der Hauswartwohnung nicht mehr als drei selbständige Wohnungen oder Mieträume anderer Art enthalten,
2. nach dem 1. Januar 1920 von dem Vermieter erworben sind, sofern nicht der Erwerb infolge unmittelbaren Erbanfalles eingetreten ist. Als der nach § 9 maßgebliche Zeitpunkt ist die Eintragung des Rechtes des Vermieters am Gebäude im Grundbuch anzusehen. Die Zahlungspflicht erlischt bei monatlicher Mietzinszahlung zum nächsten Monatsersten, bei vierteljährlicher Mietzinszahlung zum nächsten Vierteljahrsersten nach dem Erwerb.

Der Erwerber des Rechtes am Grundstück tritt mit dem

Zeitpunkt der Eintragung des Rechtes im Grundbuch in die Rechte und Pflichten an dem bis zum Erwerb aufgesammelten Hauskonto ein. Wird das Gebäude zerstört, ist das Hauskonto für den Wiederaufbau mitzuverwenden. Das Nähere bestimmt erforderlichenfalls das Mieteinigungsamt, falls es die Zustimmung der Mieter ersetzt. Nach § 9 Abs. 1 ist in jedem einzelnen Falle vom Mieteinigungsamte zu prüfen, ob Mängel vorliegen, die beim Erwerbe des Gebäudes bereits vorhanden waren und die der Erwerber gekannt hat oder kennen mußte.

b) Zuschläge im Einzelfall.

XXVII.

1. Soweit Hauskonten nicht eingerichtet sind, ist auf Antrag eines Vertragsteils vom Mieteinigungsamt ein Zuschlag für die Verzinsung und Tilgung von Mitteln — nicht der Mittel — für die Kosten einer im Einzelfalle seit Oktober 1920 — nicht vorher — ausgeführten und notwendigen oder in den nächsten zwölf Monaten nach Stellung des Antrags auszuführenden notwendigen großen Instandsetzungsarbeit[1]) unter Berücksichtigung der Bedürfnisse des Grundstücks, d. h. der Erhaltung seiner Bewohnbarkeit, für einen genau bestimmten Zeitraum festzusetzen.
2. In Zweifelsfällen hat das Mieteinigungsamt ein Gutachten der Handwerkskammer über die Angemessenheit der angesetzten Preise einzuholen.
3. Ist von der Gemeindebehörde ein Ausgleichsfonds nach § 7 Abs. 3 eingerichtet, so darf die Festsetzung des Sonderzuschlags nicht eher erfolgen, als bis feststeht, ob Mittel aus dem Ausgleichsfonds für die betref-

[1]) In der VO. steht fälschlich „Arbeiten".

fenden großen Instandsetzungsarbeiten bewilligt sind. Insoweit Mittel aus dem Ausgleichsfonds für die in Betracht kommenden Instandsetzungsarbeiten gewährt sind, sind Sonderzuschläge nicht zu bewilligen.

4. Die Gemeindebehörde hat einen Hundertsatz der Grundmiete festzusetzen, den das Mieteinigungsamt bei Festsetzung von Zuschlägen für große Instandsetzungsarbeiten nicht überschreiten darf.

Auf die persönlichen Verhältnisse der Parteien kann bei Festsetzung des Zuschlags in angemessener Weise Rücksicht genommen werden. Inwieweit der Vermieter an den Kosten der großen Instandsetzungsarbeiten zu beteiligen ist, bleibt dem Ermessen des Mieteinigungsamtes überlassen. Bei Vernachlässigung der Unterhaltung des Grundstücks, insbesondere bei Eingriff der Gemeindebehörde auf Grund des § 8, hat die Heranziehung des Vermieters zu den Kosten in einer der Vernachlässigung entsprechenden Weise zu geschehen.

5. Bei nach dem 1. Januar 1920 durch Veräußerung erworbenen Gebäuden sind Zuschläge für solche Mängel nicht zu bewilligen, die beim Erwerbe des Gebäudes bereits vorhanden waren und die der Vermieter gekannt hat oder kennen mußte.

6. Der im Einzelfall auf die Mieter entfallende Betrag ist auf die Mieträume nach dem Verhältnis der Grundmieten umzulegen. Hierbei sind auch Räume, für die nicht die gesetzliche Miete zu zahlen ist oder die nicht vermietet sind, zu berücksichtigen. Bei Herabsetzung des auf einen Mieter entfallenden Zuschlags ist die Ermäßigung auf die anderen Beteiligten entsprechend zu verteilen.

7. Das Mieteinigungsamt hat die Ausführung der großen Instandsetzungsarbeiten, für die ein Zuschlag bewilligt ist, durch geeignete Anordnungen zu sichern (z. B. erforderlichenfalls die Anordnung zu treffen, daß die Zuschläge direkt an die Stelle abzuführen sind, die das Kapital für die Instandsetzungsarbeiten zur Verfügung gestellt hat).

c) Ausgleichsfonds.

XXVIII.

1. Die Gemeindebehörde ist befugt und auf Anordnung der Kommunalaufsichtsbehörde verpflichtet, einen besonderen Zuschlag zu der Abgabe zur Förderung des Wohnungsbaues[1]) zu erheben und einem von ihr einzurichtenden Ausgleichsfonds zuzuführen.

   Der Zuschlag ist sowohl bei Festsetzung eines allgemeinen Zuschlags nach § 7 Abs. 1 als auch bei Verweisung der Vermieter auf den Sonderzuschlag nach § 7 Abs. 4 zulässig.

   Aus dem Ausgleichsfonds können die Gemeindebehörden an wirtschaftlich Schwache Beihilfen nach billigem Ermessen gewähren.

2. Über die Verwaltung und Verwendung des Ausgleichsfonds hat die Gemeindebehörde eine Satzung zu erlassen, die der Kommunalaufsichtsbehörde zur Genehmigung vorzulegen ist.

3. Über einen Antrag auf Gewährung von Mitteln aus dem Ausgleichsfonds ist unter Hinzuziehung von Vermieter- und Mietervertretern zu entscheiden. Sind örtliche Vermieter- und Mietervereinigungen vorhanden, so sind die von diesen benannten Vertreter zu hören.

[1]) unten zu D, E.

4. Der Antrag kann sowohl vom Vermieter wie von der Mietervertretung gestellt werden.
5. Die Anträge auf Gewährung von Mitteln aus dem Ausgleichsfonds sind von Amts wegen darauf zu prüfen, ob der Tatbestand des § 9 Abs. 1 vorliegt. Für Mängel, die der Käufer beim Erwerbe des Gebäudes gekannt hat oder kennen mußte, dürfen Mittel aus dem Ausgleichsfonds nicht bewilligt werden.

XXIX. Bei der Entscheidung über die Ergänzung der Zustimmung der Mieter zur Verwendung über das Hauskonto, über Bewilligung von Zuschlägen für große Instandsetzungsarbeiten im Einzelfall und bei der Entscheidung über Anträge auf Bewilligung von Mitteln aus dem Ausgleichsfonds ist von Amts wegen zu prüfen, ob der Tatbestand des § 9 Abs. 2 vorliegt. Soweit die Voraussetzungen des § 9 vorliegen, ist die Gemeindebehörde auf Antrag der Mieter oder Mietervertretung verpflichtet, die Beseitigung der Mängel auf dem im § 8 bezeichneten Wege herbeizuführen.

Das Verfahren bei der Festsetzung der Hundertsätze.

XXX. Die Festsetzung der unter IV 2, IX, XI, XIX, XXV, XXVIII bezeichneten Hundertsätze wird für Gemeinden bis zu 2000 Einwohnern den Kreisausschüssen, für Gemeinden über 2000 Einwohner der Gemeindebehörde übertragen. Mit Genehmigung der Kommunalaufsichtsbehörde kann auch für Gemeinden bis zu 2000 Einwohnern diese Befugnis von anderen Verwaltungsstellen (Amtmann, Landbürgermeister) ausgeübt werden.

Die Gemeindebehörden haben die Beschlüsse über die Festsetzung der Hundertsätze gegebenenfalls unter Beifügung der an den ausgesuchten Häusern aufgestellten

Berechnungen sowie der mit den Interessentenvertretern gepflogenen Verhandlungen der Kommunalaufsichtsbehörde einzureichen. Dieser steht binnen zwei Wochen nach Eingang der Anzeige ein Einspruchsrecht zu. Wird innerhalb der genannten Frist der Einspruch nicht eingelegt oder verzichtet die Behörde schon vor Ablauf der Frist auf Einlegung des Einspruchs, so gelten die Beschlüsse als genehmigt. Eine Abänderung der Hundertsätze durch die Kommunalaufsichtsbehörde ist zulässig. Die genehmigten Beschlüsse sind in ortsüblicher Weise zu veröffentlichen.

Sammelheizung, Warmwasserversorgung und Nebenleistungen[1]).

XXXI. Die Umlegung der Kosten der Heizstoffe für Sammelheizung und Warmwasserversorgung oder eines von beiden soll nach Quadratmetern der Heizfläche erfolgen. Die Wahl anderer Maßstäbe durch die Gemeindebehörde ist zulässig. Die Kosten der Beheizung der gemeinsam benutzten Räume sind auf die Rauminhaber zu verteilen. Soweit Nebenleistungen nach § 12 Abs. 1 Satz 2 nur einzelne Mieter zu tragen haben, kann die Zahlung erst verlangt werden, nachdem die Rechnungen und sonstigen Belege vom Vermieter den betreffenden Mietern vorgelegt sind.

Die Berechnung der Untermiete.

XXXII. Die Untermiete ist in der Weise zu berechnen, daß zunächst der Gesamtbetrag der gesetzlichen Miete festzustellen ist, die der Untervermieter selbst für den leeren Raum zahlt. Zu diesem von dem Untervermieter für den leeren Raum zu entrichtenden Mietzins sind Zuschläge

[1]) Diese Überschrift fehlt in der VO.

für die Überlassung von Einrichtungsgegenständen, Beleuchtung, Heizung, Bedienung und Hergabe der Wäsche nach näherer Anordnung der Gemeindebehörde zu zahlen. Die Festsetzung von Zuschlägen zur Hauptmiete wegen Untervermietung ist unzulässig.

Gemeinnützige Baugesellschaften[1]).

XXXIII. Ob die Voraussetzungen des Schlußsatzes des § 16 Abs. 1 zutreffen, entscheidet die zuständige Kommunalaufsichtsbehörde.

Die Mietervertretung.

XXXIV. Jeder Mieter ist berechtigt, die Wahl einer Mietervertretung zu betreiben. Von der vorzunehmenden Wahl sind sämtliche anderen Mieter in Kenntnis zu setzen. Die Wahl erfolgt formlos. Jede Mietpartei hat eine Stimme. Wahlberechtigt sind sämtliche Mieter. Wohnt der Hauptmieter nicht in der Wohnung, ist auch der Untermieter stimmberechtigt. Die Mietervertretung gilt als ordnungsmäßig gewählt, wenn sie die Mehrzahl der Stimmen der Mieter auf sich vereinigt. Das Wahlergebnis ist dem Vermieter mitzuteilen.

XXXV. Die Mieter von Mieträumen mit Sammelheizung beziehungsweise Warmwasserversorgung haben eine Mietervertretung von 1 bis 3 Personen zu wählen.

Bei Beschaffung, Lagerung und Verwendung der Heizstoffe hat die Mietervertretung ein Mitwirkungs- und Aufsichtsrecht. Im Streitfall entscheidet das Mieteinigungsamt.

XXXVI. Der Vermieter ist verpflichtet, über den Ankauf und über nach näherer Anordnung der Gemeinde-

[1]) Diese Überschrift fehlt in der VO.

behörde zu zahlende Vorschüsse und ihre Verrechnung genau Buch zu führen, die Berechnungsbelege geordnet aufzubewahren und der Mietervertretung jederzeit Einsicht zu gewähren.

Beschafft ein Vermieter die notwendigen Heizstoffe nicht rechtzeitig, so ist die Mietervertretung nach Ablauf einer von ihr dem Vermieter gestellten Frist befugt, die Heizstoffe allein einzukaufen.

Der Vermieter kann einen nach näherer Anordnung der Gemeindebehörde zu zahlenden Vorschuß für die Heizstoffe nur dann erheben, wenn die Mietervertretung das für die Heizstoffe erforderliche Einkaufsgeld nicht selbst aufbringt. Wohnt der Vermieter selber in dem Hause, hat er die Kosten der Heizung anteilig zu tragen.

Schlußbestimmungen[1]).

XXXVII. Streitigkeiten über die Anwendung und Auslegung der bisherigen Bestimmungen zur Ausführung des Reichsmietengesetzes beziehungsweise über die auf Grund der bisherigen Ausführungsbestimmungen durch die Gemeindebehörde erlassenen Bekanntmachungen sind nach den bisherigen Vorschriften zu erledigen.

XXXVIII. Diese Ausführungsbestimmungen treten mit dem Tage der Verkündung[2]) in Kraft.

Berlin, den 4. August 1923.

Der Preußische Minister für Volkswohlfahrt.
Hirtsiefer.

---

1) Diese Überschrift fehlt in der VO.

2) Die die VO. enthaltende Nr. 47 der PrGS. ist am 17. 8. 23 ausgegeben.

D.

Gesetz über die
Erhebung einer Abgabe zur Förderung des Wohnungsbaues.

Fassung der Bek. des Reichsarbeitsministers v. 28. März 1923 (RGBl. I 238).

In Kraft in dieser Fassung seit 1. Januar 1923 (Art. II RGes. v. 27. 3. 23, RGBl. I 235).

—

§ 1. Die Länder erheben lediglich zur Förderung der Wohnungsbeschaffung und der Siedlung auf Grund und nach Maßgabe dieses Gesetzes bis zum Rechnungsjahre 1941 eine Abgabe von den Nutzungsberechtigten solcher Gebäude oder Gebäudeteile, die vor dem 1. Juli 1918 fertiggestellt sind.

§ 2. Wer nach Erlaß dieses Gesetzes gewerbliche Räume neu errichtet oder neu schafft, ist verpflichtet, für einen Teil der mehr beschäftigten Arbeitnehmer neuen Wohnraum zu erstellen. Die Gemeindebehörde oder eine andere von der obersten Landesbehörde zu bestimmende Stelle kann die Zahl der zu errichtenden Wohnungen festsetzen und die Genehmigung zur Errichtung der gewerblichen Räume so lange versagen, als nicht für die Erfüllung dieser Verpflichtung ausreichende Sicherheit geleistet ist. Die oberste Landesbehörde regelt das Verfahren und die zulässigen Rechtsmittel.

§ 3. Die Einkünfte aus der Abgabe sind insbesondere zur Deckung der Ausgaben bestimmt, welche für nach dem 1. Oktober 1920 begonnene Wohnungsbauten verwandt werden (vgl. § 1 des Gesetzes über die vorläufige Förderung des Wohnungsbaues vom 12. Februar 1921, Reichsgesetzbl. S. 175).

Mit Hilfe der Abgabe sind zu fördern:

1. Wohnungsneubauten,
2. die Einrichtung von Wohnungen in vorhandenen Gebäuden, z. B. durch Ein- oder Umbauten, Aufstockungen und Teilung großer Wohnungen.

Wohnungsbauten dürfen mit Hilfe der Abgabe nur gefördert werden, sofern die Kosten der Bauausführung einschließlich der Baustoffe durch eine öffentlich-rechtliche Stelle festgesetzt oder geprüft werden.

Solche Wohnungsneubauten müssen außerdem dauernd im Eigentum öffentlich-rechtlicher oder gemeinnütziger Stellen verbleiben, sie können jedoch aus besonderen Gründen im Privateigentum errichtet werden und verbleiben, wenn durch geeignete Maßnahmen, insbesondere dingliche Sicherungen, verhindert wird, daß der Bauherr (Eigentümer) aus der Vermietung oder dem Verkauf einen übermäßigen Gewinn erzielt.

Soweit die Abgabeeinkünfte aus der Belastung landwirtschaftlicher Gebäude oder Gebäudeteile in Landgemeinden stammen, sind sie zum Kleinwohnungsbau in den Landgemeinden in erster Linie heranzuziehen.

§ 4. Die auf Grund dieses Gesetzes aufgebrachten Mittel sind im Falle der Errichtung von Neubauten in erster Linie dem Kleinhausbau mit Gärten in Stadt und Land und dem Bau von Siedlerstellen zuzuführen. Zur Ausfüllung von Baulücken dürfen die Mittel verwendet werden, sofern in den Baulücken hygienisch einwandfreie Wohnungen in Häusern mit in der Regel nicht mehr als drei Stockwerken errichtet werden können.

§ 5. Ein angemessener Teil der aufgebrachten Mittel

kann auch zur Unterstützung von Unternehmungen verwandt werden, die auf den Gebieten der Baustofferzeugung, des Baustoffhandels oder der Bauunternehmung anerkannt gemeinnützig tätig sind, die nachweisbar den Kleinwohnungsbau fördern und verbilligen und die Gewähr für eine sachgemäße Verwendung der Gelder im Interesse des Kleinwohnungsbaues bieten.

§ 6. Abgabeschuldner ist, wer zum Gebrauche des Gebäudes oder Gebäudeteils berechtigt ist, für die Dauer seiner Berechtigung.

Bei Untervermietung oder Unterverpachtung ist Abgabeschuldner derjenige, der von dem Gebäudeeigentümer oder sonstigen dinglich Nutzungsberechtigten unmittelbar gemietet oder gepachtet hat. Überläßt der Gebäudeeigentümer oder sonstige dinglich Nutzungsberechtigte mit dem Gebäude oder Gebäudeteile auch die Wohnungseinrichtung zum Gebrauche, so ist er der Abgabeschuldner.

Bei Dienst- und Mietwohnungen sowie untervermieteten Räumen in Gebäuden, welche dem Reiche, den Ländern, Gemeinden und anderen öffentlich-rechtlichen Körperschaften gehören oder von ihnen ermietet sind, ist in jedem Falle der Wohnungsinhaber bzw. der zum Gebrauch unmittelbar Berechtigte Abgabeschuldner.

Bei Wohnungen und Gebäuden, die Arbeitgeber ihren Angestellten und Arbeitern als Teil des vertragsmäßigen Gehalts oder Lohnes zur Benutzung übergeben haben, ist die auf den Angestellten und Arbeiter entfallende Abgabe vom Arbeitgeber zu entrichten.

§ 7. Von der Abgabe bleiben befreit:

1. vom Reiche, den Ländern, den Gemeinden oder anderen öffentlich-rechtlichen Körperschaften für öffentliche Zwecke bestimmte Gebäude;

2. Gebäude, die den Zwecken eines Unternehmens dienen, dessen Erträge ausschließlich dem Reiche, den Ländern, den Gemeinden oder anderen öffentlich-rechtlichen Körperschaften zufließen;
3. von der Reichsbank für ihren Geschäftsbetrieb bestimmte Gebäude;
4. von fremden Botschaften, Gesandtschaften oder Konsulaten benutzte Gebäude, sofern Gegenseitigkeit gewährt wird;
5. Universitäts- und andere zum öffentlichen Unterrichte bestimmte Gebäude sowie wissenschaftliche Forschungsinstitute und Museen;
6. Gebäude, die religiösen Zwecken oder kirchlicher Arbeit dienen;
7. als Armen-, Waisen- oder öffentliche Krankenhäuser benutzte Gebäude;
8. Gebäude, die den Zwecken eines die Volkswohlfahrt fördernden Unternehmens dienen, welches auf gemeinnütziger Grundlage betrieben oder unterhalten wird. Der Reichsarbeitsminister erläßt mit Zustimmung des Reichsrats nähere Vorschriften über den Kreis der hiernach abgabefreien Gebäude.

Bei Gebäuden, welche den Zwecken solcher gemischtwirtschaftlichen Unternehmungen dienen, deren Vermögensanteile zu mehr als 50 v. H. im Eigentum öffentlich-rechtlicher Körperschaften stehen, wird die Abgabe auf Antrag entsprechend dem Verhältnis der im Eigentum öffentlich-rechtlicher Körperschaften befindlichen Vermögensanteile zum Geschäftsvermögen ermäßigt.

Liegen nur für einen Teil des Gebäudes die vorstehend genannten Voraussetzungen vor, so bezieht sich die Befreiung oder die Ermäßigung nur auf diesen Teil.

Wohnungen aller Art — mit alleiniger Ausnahme der Wohnungen in den im Abs. 1 Nr. 4 aufgeführten Gebäuden — fallen nicht unter die Befreiungsvorschriften.

Auf Antrag sind von der Abgabe ganz oder teilweise zu befreien:

1. Gebäude oder Gebäudeteile, die wirtschaftlichen Zwecken gewidmet sind, soweit sie infolge völliger oder teilweiser Einstellung des Betriebs ganz oder teilweise nicht ausgenutzt werden;
2. Gebäude oder Wohnungen, deren Nutzung durch bauliche Veränderungen nach dem 1. Juli 1918 so verteuert worden ist, daß sie im Preise der Nutzung eines nach dem 1. Juli 1918 neu gebauten Gebäudes gleich oder nahe kommt.

§ 8. Sofern ein Arbeitgeber für in seinem Betriebe beschäftigte Arbeiter und Angestellte Siedlungen und Wohnungen durch Neubauten, Ein- oder Umbauten oder Aufstockungen aus eigenen Geldern oder unter Inanspruchnahme öffentlicher Mittel herstellt, ist ihm die von ihm nach § 6 Abs. 4 zu entrichtende Abgabe auf Antrag so weit und so lange zu erstatten, bis die von ihm für solche Bauten aufgewendeten Kosten abgebürdet sind. Die Erstattung ist nur möglich, wenn die Kosten der Bauausführung von einer öffentlich-rechtlichen Stelle geprüft sind.

Im Falle des Abs. 1 kann die Abgabe bis zur Entscheidung über den Erstattungsantrag gestundet werden.

§ 9. Der Abgabe wird der jährliche Nutzungswert (Mietwert) der Gebäude oder Gebäudeteile nach dem Stande vom 1. Juli 1914 zugrunde gelegt.

Bei Dienstwohnungen ist als Nutzungswert der Teil der Besoldung des Dienstwohnungsinhabers anzusehen, der nach Feststellung der Dienstaufsichtsbehörde nach den am 1. Juli 1914 gültigen Vorschriften für die derzeitige Inanspruchnahme der Wohnung angemessen gewesen sein würde.

Bei Gebäuden oder Gebäudeteilen, welche mit Ausstattungsgegenständen vermietet sind oder die erst nach dem 1. Juli 1914 in Gebrauch genommen sind, gilt als Nutzungswert der durch Schätzung zu ermittelnde Betrag, der für gleichartige Gebäude (Gebäudeteile) zu dem im Abs. 1 bezeichneten Zeitpunkt angemessen gewesen wäre. Diese Vorschrift findet entsprechende Anwendung, wenn Gebäude oder Gebäudeteile nach dem 1. Juli 1914 wesentlich umgestaltet worden sind oder wenn die Art der Benutzung wesentlich geändert ist.

Die oberste Landesbehörde erläßt nähere Bestimmungen über die Ermittlung des Nutzungswerts, wobei sie einen anderen Stichtag innerhalb des Jahres 1914 bestimmen kann.

Sie kann die Ermittlung des Nutzungswerts auch auf der Grundlage des Feuerversicherungswerts oder auf der Grundlage von Besteuerungsmerkmalen bewirken oder zulassen, die in Gesetzen über die Besteuerung des Grundvermögens enthalten sind.

Die Eigentümer von Gebäuden oder Gebäudeteilen sind verpflichtet, die Angaben gemäß Abs. 1 bis 5 nach näherer Anordnung der obersten Landesbehörde zu machen.

§ 10. Die Abgabe beträgt vom 1. Juli 1923 bis 31. Dezember 1924 45000 vom Hundert des Nutzungswerts [1]).

---

[1]) Nach der ursprünglichen Fassung betrug die Abgabe vom 1. 1. 23 bis 31. 12. 24 1500 v. H., nach dem RGes. v. 19. 7. 23 (RGBl. I 683) vom 1. 7. 23 bis 31. 12. 24

§ 11. Die Gemeinden haben für den im § 1 bezeichneten Zweck Zuschläge in gleicher Höhe wie die Abgabe zu erheben (§ 10). Die Verpflichtung zur Erhebung der Zuschläge kann durch die oberste Landesbehörde Gemeindeverbänden übertragen werden. Mit Zustimmung der obersten Landesbehörde kann von der Erhebung der Zuschläge ganz oder teilweise Abstand genommen oder der Hundertsatz erhöht werden; dabei können Räume, welche nicht Wohnzwecken dienen, zu höheren Zuschlägen herangezogen werden.

Die Gemeinden sind außerdem berechtigt, zu dem im § 1 genannten Zwecke von Wohnungen, welche im Verhältnis zur Zahl der Bewohner oder zur Zweckbestimmung der Räume als übergroß anzusehen sind, eine besondere Abgabe zu erheben (Wohnungsluxussteuer). Die Erhebung bedarf der Genehmigung der obersten Landesbehörde, der die nähere Regelung nach Maßgabe der von der Reichsregierung aufzustellenden allgemeinen Grundsätze und nach Maßgabe des Landesrechts vorbehalten bleibt.

§ 12. Die Länder liefern 40 Mark auf den Kopf der Bevölkerung an das Reich ab. Wird die Höhe der Abgabe geändert, so verändert sich dieser Betrag um je eine Mark für 100 vom Hundert des Nutzungswerts[1]). Die Länder sind berechtigt, die Hälfte des von ihnen an das Reich abzuliefernden Betrags von den Gemeinden (Gemeindeverbänden) einzuziehen.

§ 13. Die im § 12 genannten Mittel sind zum Ausgleich zwischen den Ländern bestimmt. Der Reichsarbeits-

---

9000 v. H. Die jetzige Fassung beruht auf dem RGes. über die weitere Anpassung der Wohnungsbauabgabe an die Geldentwertung v. 18. 8. 23 (RGBl. I 805).

[1]) Jetzt also 475 Mark.

minister verwaltet diese Mittel. Er verwendet sie im Benehmen mit einem Ausschuß, der aus Vertretern der Länder und der Gemeinden (Gemeindeverbände) zusammengesetzt ist; die Gemeindevertreter sollen nach Anhörung bestehender Gemeindevereinigungen (Deutscher Städtetag usw.) bestellt werden.

§ 14. Die oberste Landesbehörde kann bestimmen, daß an Stelle der in den §§ 6 bis 11 geregelten Abgabe Steuern von Grundvermögen oder Zuschläge zu bestehenden oder neu einzuführenden Steuern von Grundvermögen erhoben werden, welche annähernd denselben Ertrag liefern müssen. Die §§ 6, 7, 11 bis 13 gelten sinngemäß.

Der bei einer Regelung gemäß Abs. 1 zur Zahlung Verpflichtete kann von den Nutzungsberechtigten der Gebäude oder Gebäudeteile des steuerpflichtigen Grundstücks die Erstattung der Abgabe nach dem Verhältnis verlangen, in dem der Nutzungswert der von ihnen benutzten Räume zu dem Nutzungswerte des gesamten steuerpflichtigen Grundstücks steht. Die oberste Landesbehörde kann anordnen, daß die zu erstattenden Beträge wie Gemeindeabgaben beigetrieben werden.

§ 15. Von der Abgabe werden auf Antrag befreit:

1. Rentenempfänger der Invaliden- und Angestelltenversicherung, die nach dem Gesetz über Notstandsmaßnahmen zur Unterstützung von Rentenempfängern der Invaliden- und Angestelltenversicherung in der Fassung vom 29. Juli 1922 (Reichsgesetzbl. I S. 675) Unterstützung beziehen, während der Dauer des Bezugs.
2. Kriegsbeschädigte, Kriegshinterbliebene und sonstige Militärrentner, die auf Grund des Gesetzes über Teuerungsmaßnahmen für Militärrentner vom 21. Juli 1922 (Reichsgesetzbl. I S. 650) oder entsprechen-

der später ergehender Gesetze nicht nur vorübergehend Teuerungszuschüsse zu ihren Versorgungsgebührnissen beziehen.

3. Personen, die nach § 2 des Gesetzes über Kleinrentnerfürsorge vom 4. Februar 1923 (Reichsgesetzbl. I S. 104) Kleinrentnerfürsorge erhalten, während der Dauer des Bezugs der Fürsorge.

4. Personen, die Wartegelder, Ruhegehälter, Witwen- oder Waisenpensionen oder andere Bezüge oder geldwerte Vorteile für frühere Dienstleistungen oder Berufstätigkeit aus öffentlichen Kassen empfangen, sowie Geistliche, Kirchenbeamte und Angestellte religiöser, wissenschaftlicher, mildtätiger und gemeinnütziger Organisationen, sofern ihre Bezüge in dem der Veranlagung vorausgegangenen Kalenderjahre den im § 26 Abs. 1 c des Einkommensteuergesetzes genannten Betrag des steuerbaren Einkommens nicht überschritten haben. Die Befreiung tritt jedoch nur ein, wenn entweder dem Abgabeschuldner für das der Veranlagung zur Wohnungsabgabe vorausgegangene Kalenderjahr die Kapitalertragsteuer gemäß § 44 des Einkommensteuergesetzes auf die Einkommensteuer angerechnet oder erstattet worden ist, oder wenn das andere Einkommen, das der Abgabepflichtige in diesem Kalenderjahre neben den im Satz 1 genannten Bezügen bezogen hat, die im § 48 Abs. 1 des Einkommensteuergesetzes für das sonstige Einkommen vorgeschriebene Grenze nicht überstiegen hat.

Die Abgabe wird ferner Abgabeschuldnern auf Antrag ganz oder teilweise erlassen, bei denen in dem der Veranlagung vorausgehenden Kalenderjahre die Einkommensteuer auf Grund des § 26 Abs. 1 c des Einkommensteuergesetzes zu ermäßigen war. Die Abgabe kann ferner auf Antrag ganz oder teilweise erlassen werden:

a) Personen, die über 60 Jahre alt sind und deren steuerpflichtiges Einkommen in dem der Veranlagung vorausgehenden Kalenderjahre die im § 26 Abs. 1c des Einkommensteuergesetzes genannte Grenze nicht überschritten hat,

b) wenn die Erhebung der Abgabe wegen Krankheit oder Erwerbslosigkeit des Abgabeschuldners oder wegen großer Kinderzahl oder aus sonstigen Gründen eine besondere Härte bedeuten würde.

In den Fällen des Abs. 1 Nr. 1 bis 4 ist die Abgabe bis zur Entscheidung über den Befreiungsantrag zu stunden. In den Fällen des Abs. 2 kann die Abgabe bis zur Entscheidung über den Erlassungsantrag gestundet werden.

Haben die Abgabeschuldner oder die nach Abs. 1 befreiten Personen anderen Personen Räume gegen Entgelt überlassen, so erfolgt der Erlaß oder die Befreiung nur hinsichtlich der Räume, die von den Abgabeschuldnern selbst oder solchen Personen benutzt werden, bei denen die Voraussetzungen des Abs. 1 oder 2 vorliegen.

Eine Befreiung oder ein Erlaß erfolgt nicht, wenn das Gesamteinkommen der zu dem Haushalt des Abgabeschuldners gehörenden Personen in dem der Veranlagung vorausgehenden Kalenderjahre die im § 26 Abs. 1 c des Einkommensteuergesetzes angegebene Grenze überschritten hat.

Wird die Abgabe gemäß § 14 erhoben, so gelten die Abs. 1 bis 5 entsprechend auch für die Nutzungsberechtigten, die gemäß § 14 Abs. 2 die Abgabe den zur Zahlung Verpflichteten zu erstatten haben würden.

Die Reichs-, Staats- und Gemeindebehörden sowie die Verbände und Vertretungen von Betriebs- und Berufszweigen haben den Veranlagungsbehörden auf Ersuchen die zur Durchführung der Bestimmungen des § 15 erforderliche mündliche und schriftliche Auskunft unentgeltlich zu erteilen.

§ 16. Wenn in einem Lande beim Inkrafttreten dieses Gesetzes bereits durch Landesgesetz die Erhebung einer Abgabe zur Förderung des Wohnungsbaues und der Siedlung in mindestens der Höhe eingeführt ist, welche die §§ 10 und 11 dieses Gesetzes bestimmen, so kann der Reichsarbeitsminister zulassen, daß die landesrechtlich eingeführte Abgabe an Stelle der in den §§ 6, 7, 9 bis 11, 14 dieses Gesetzes geregelten bis spätestens zum 1. April 1923 erhoben wird. Die §§ 6, 7, 11 bis 13 gelten sinngemäß.

§ 17. Die Reichsregierung stellt mit Zustimmung des Reichsrats allgemeine Grundsätze für die Förderung des Wohnungsbaues mit den auf Grund dieses Gesetzes zur Verfügung zu stellenden Mitteln sowie für die Festsetzung des nach § 9 Abs. 2 zu berechnenden angemessenen Nutzungswerts auf.

Die oberste Landesbehörde erläßt die zur Durchführung dieses Gesetzes notwendigen Bestimmungen. Sie regelt insbesondere die Veranlagung und die Erhebung der Abgabe, soweit die Regelung nicht durch dieses Gesetz erfolgt ist. Die Veranlagungs- und Erhebungskosten gehen zu Lasten der Abgabe.

E.

Verordnung, betreffend die Erhebung einer Wohnungsbauabgabe in Preußen.

Vom 4. Mai 1923 (PrGS. 151).

Auf Grund der §§ 14 und 17 des Reichsgesetzes über die Erhebung einer Abgabe zur Förderung des Wohnungsbaues in der Fassung vom 28. März 1923 (Reichsgesetzbl. I S. 238) wird hiermit verordnet:

Wohnungsbauabgabe des Staates.

Artikel 1. Vom 1. Januar 1923 ab wird an Stelle der in den §§ 6 bis 11 des eingangs genannten Reichsgesetzes geregelten Abgabe in Preußen bis auf weiteres als Wohnungsbauabgabe für den Staat ein Vielfaches der Gebäudesteuer nach dem Gesetze vom 21. Mai 1861 (Gesetzsamml. S. 317) erhoben.

Zuschläge der Gemeinden und Kreise.

Artikel 2. 1. Zuschläge zur Wohnungsbauabgabe in gleicher Höhe wie diese (Pflichtzuschläge) erheben:

a) in kreisfreien Städten die Stadtgemeinde;

b) in den übrigen Stadtgemeinden, in den Landgemeinden und in den Gutsbezirken der Kreis.

2. Stadtgemeinden mit über 10000 Einwohnern ist auf Antrag vom Regierungspräsidenten, im Bezirke des Siedlungsverbandes Ruhrkohlenbezirk vom Verbandspräsidenten, das Recht zu gewähren, die gemeindlichen Zuschläge selbständig zu erheben.

Entsprechende Anträge von anderen Gemeinden unterliegen der Entscheidung des Regierungspräsidenten, im Bezirke des Siedlungsverbandes Ruhrkohlenbezirk des Verbandspräsidenten.

3. Die Gemeinden und Kreise können die Erhebung von Mehrzuschlägen neben den Pflichtzuschlägen beschließen. Die Beschlüsse bedürfen der Genehmigung des Regierungspräsidenten, im Gebiete des Siedlungsverbandes Ruhrkohlenbezirk des Verbandspräsidenten und des Regierungspräsidenten, in Berlin des Oberpräsidenten, und sind in ortsüblicher Weise bekanntzumachen.

Gegenstand der Wohnungsbauabgabe.

Artikel 3. 1. Der Wohnungsbauabgabe unterliegen sämtliche vor dem 1. Juli 1918 fertiggestellten Gebäude oder Gebäudeteile, soweit sie nicht nach § 7 des Reichsgesetzes befreit sind.

2. Gebäude oder Gebäudeteile, die nach Maßgabe der Vorschriften des Gesetzes vom 21. Mai 1861 nicht zur Gebäudesteuer veranlagt sind, sind, soweit dies für die Veranlagung der Wohnungsbauabgabe erforderlich ist, nachträglich zu veranlagen.

Höhe der Wohnungsbauabgabe.

Artikel 4. 1. Die Wohnungsbauabgabe beträgt vom 1. Januar 1923 bis zum 31. Dezember 1924 jährlich:

a) das 425fache[1]) der Gebäudesteuer bei allen nach § 5 zu 1 des Gebäudesteuergesetzes zu 4 vom Hundert des Gebäudesteuernutzungswerts veranlagten Gebäuden (oder Gebäudeteilen) mit Ausnahme der-

[1]) Laut VO. v. 25. 8. 23 (GS. 418) Ziff. 2 ist die Abgabe vom 1. 7. 23 bis 31. 12. 24 jährlich auf das Dreißigfache hiervon erhöht.

jenigen Wohngebäude, die zu landwirtschaftlichen Betrieben gehören und im wesentlichen für die in diesem Betriebe tätigen Personen bestimmt sind;

b) das 850fache[1]) der Gebäudesteuer bei allen nach § 5 zu 2 des Gebäudesteuergesetzes mit 2 vom Hundert des Gebäudesteuernutzungswerts veranlagten Gebäuden (oder Gebäudeteilen);

c) das 850fache[1]) der Gebäudesteuer bei den unter a ausgenommenen, zu landwirtschaftlichen Betrieben gehörigen Wohngebäuden, deren Gebäudesteuernutzungswerte nach Mietpreisen festgestellt worden sind;

d) das 1190fache[1]) der Gebäudesteuer bei den unter a ausgenommenen, zu landwirtschaftlichen Betrieben gehörigen Wohngebäuden, deren Gebäudesteuernutzungswerte nicht nach Mietpreisen festgestellt worden sind.

Die sich aus der so ermittelten Wohnungsbauabgabe für jede Gebäudebesitzung ergebenden Vierteljahrsbeträge sind auf volle zehn Mark nach unten abzurunden.

2. Durch die Abgabesätze unter c und d wird die Wohnungsbauabgabe für die mit den Wohngebäuden zu einer landwirtschaftlichen Besitzung gehörigen nicht zur Gebäudesteuer veranlagten Betriebsgebäude abgegolten.

3. Wenn der Nachweis erbracht wird, daß die nach den Abgabesätzen unter 1 c oder d ermittelte Wohnungsbauabgabe höher ist als 1500 (ab 1. Juli 1923 45000)[2]) vom Hundert des Gesamtnutzungswerts, den die abgabepflichtigen Wohngebäude und zur Gebäudesteuer nicht veranlagten Betriebsgebäude der Besitzung am 1. Juli 1914

---

[1]) Vgl. S. 53 Anm. 1.

[2]) Zusatz der VO. v. 30. 7./25. 8. 23 (GS. 395,418) Ziff. 2.

hatten, ist die Wohnungsbauabgabe auf Antrag entsprechend zu ermäßigen.

4[1]). In Gemeinden, in denen die Veranlagung zur Gebäudesteuer teilweise nicht nach Mietpreisen erfolgt ist, kann auf Antrag der Gemeinde mit Genehmigung des Finanzministers die für den Gemeindebezirk nach den Sätzen unter Ziffer 1 veranlagte gesamte Wohnungsbauabgabe auf die einzelnen Gebäudebesitzungen anderweit nach dem Verhältnis der für die Veranlagung einer vorläufigen Steuer vom Grundvermögen nach dem Gesetze vom 14. Februar 1923 (PrGS. S. 29) maßgebenden Ergänzungssteuerwerte umgelegt werden.

Ist der Ergänzungssteuerwert einer Gebäudebesitzung mit dem anderer Grundstücke für die Veranlagung der Grundvermögenssteuer in einem Betrage festgesetzt, so ist der nach dem Verhältnis zum Gesamtwert auf die Gebäudebesitzung entfallende Teil des Ergänzungssteuerwertes durch den Grundsteuerausschuß (§ 5 [2] des Gesetzes vom 14. Februar 1923) festzusetzen.

Abgabeschuldner und zur Erstattung Verpflichtete.

Artikel 5. 1. Zur Zahlung verpflichtet sind die Eigentümer der abgabepflichtigen Gebäude (Abgabeschuldner). Miteigentümer sind Gesamtschuldner.

2. Dinglich Nutzungsberechtigte haften neben dem Eigentümer für die Wohnungsbauabgabe, die auf die dem dinglichen Nutzungsrecht unterliegenden Gebäude oder Gebäudeteile entfällt, als Gesamtschuldner.

3. Bei herrenlosen Gebäuden und im Falle der Zahlungsunfähigkeit des Abgabeschuldners haften die Nutzungsberechtigten für die Wohnungsbauabgabe, die auf die von ihnen genutzten Gebäude oder Gebäudeteile entfällt.

[1]) Zusatz der VO. v. 25. 8. 23 (GS. 418) Ziff. 1.

4. Erhebt ein Abgabeschuldner Anspruch auf Erstattung der Wohnungsbauabgabe (§ 14 Abs. 2 des Reichsgesetzes), so hat er die Wohnungsbauabgabe unter Abrundung der Teilbeträge auf volle Mark auf die zur Erstattung Verpflichteten zu verteilen und diesen die Verteilung bekanntzumachen.

5. Durch die Bekanntmachung dieser Verteilung macht der Abgabeschuldner den zur Erstattung Verpflichteten gegenüber seinen Anspruch auf Erstattung für die Dauer der Veranlagung geltend.

6. Der Abgabeschuldner ist verpflichtet, den Veranlagungsbehörden auf Ersuchen über die von ihm vorgenommene Verteilung auf die zur Erstattung Verpflichteten Auskunft zu erteilen.

7. Die Zahlungsverpflichtung des Abgabeschuldners (1 und 2) ruht bis zur Erstattung durch die Nutzungsberechtigten.

Veranlagungsbehörde und Veranlagungszeitraum.

Artikel 6. 1. Die Wohnungsbauabgabe wird durch das Katasteramt veranlagt.

2. Die Veranlagung erfolgt für die Zeit vom 1. Januar 1923 bis zum 31. Dezember 1924.

3. Bei Erhöhung der Wohnungsbauabgabe gilt als Veranlagung die bisherige Veranlagung, deren Ergebnis sich um das der Erhöhung der Abgabe entsprechende Vielfache ohne weiteres erhöht[1]).

Bekanntmachung des Veranlagungsergebnisses.

Artikel 7. 1. Das Ergebnis der Veranlagung und die Zuschläge sind dem Abgabeschuldner in einem Abgabebescheid oder in ortsüblicher Weise bekanntzumachen.

---

[1]) Zusatz der VO. v. 30. 7. 23 (GS. 395) Ziff. 3.

2. Der Abgabebescheid und die ortsübliche Bekanntmachung sollen enthalten:

a) die Bezeichnung der Gebäudebesitzung und des Abgabeschuldners, den Betrag der Wohnungsbauabgabe und des Zuschlags, das zulässige Rechtsmittel mit der für dieses festgesetzten Frist sowie die Stelle, bei der das Rechtsmittel und Anträge auf Ermäßigung, Befreiung, Erstattung oder Erlaß anzubringen sind;

b) die Aufforderung zur Entrichtung der Wohnungsbauabgabe sowie den Zeitpunkt der Fälligkeit und die Empfangsstelle.

3. Die Ausfertigung und Zustellung der Abgabebescheide, die ortsübliche Bekanntmachung und die Einziehung der Wohnungsbauabgabe erfolgen durch den Gemeinde- (Guts-) Vorstand.

Ermäßigungs-, Befreiungs-, Erstattungs- und Erlaßanträge.

Artikel 8. 1. Die Annahme, Prüfung und Vervollständigung der Anträge auf Befreiung von der Wohnungsbauabgabe nach § 15 Abs. 1 Ziffer 1 bis 3 des Reichsgesetzes erfolgt durch die Stellen, die den Sozial-, Militär- und Kleinrentnern Unterstützungen, Teuerungszuschüsse oder Fürsorge gewähren. Die Anträge sind an das Katasteramt abzugeben.

2. Alle übrigen Anträge auf Befreiung sowie die Anträge auf Ermäßigung, Erstattung und Erlaß sind bei dem Gemeinde- (Guts-) Vorstand anzubringen und von diesem außer im Falle zu 3 dem Katasteramte zur Entscheidung zuzuleiten.

3. Bei Erlaßanträgen (§ 15 Abs. 2 des Reichsgesetzes)

beschließt in den Gemeinden, die Mehrzuschläge erheben, zunächst der Gemeindevorstand oder, wenn der Gemeindevorstand ein Kollegium ist, sein Vorsitzender oder ein von ihm bezeichnetes Mitglied über den Erlaß des Mehrzuschlags. Wird der gesamte Mehrzuschlag erlassen, so ist der Antrag an das Katasteramt zur Entscheidung über die Wohnungsbauabgabe und den Pflichtzuschlag weiterzugeben. Wird nicht der gesamte Mehrzuschlag erlassen, so ist gegen die Entscheidung nur der Einspruch zulässig.

4. Werden die Mehrzuschläge vom Kreise erhoben, so sind die Erlaßanträge vom Gemeindevorstande dem Vorsitzenden des Kreisausschusses zuzuleiten, der entsprechend den Vorschriften unter 3 verfährt.

5. Sämtliche Entscheidungen müssen eine Rechtsmittelbelehrung (Artikel 7 Ziffer 2 a) enthalten.

6. Die Entscheidungen des Katasteramts über Ermäßigungen, Befreiungen, Erstattungen und Erlasse ziehen die entsprechende Herabsetzung der Zuschläge nach sich.

Rechtsmittel bei der Wohnungsbauabgabe.

Artikel 9. 1. Als Rechtsmittel sind zulässig:

a) gegen das Ergebnis der Veranlagung und die Entscheidungen des Katasteramts: der Einspruch; über ihn entscheidet ein Einspruchsausschuß für die Wohnungsbauabgabe, der von dem nach dem Gesetze vom 14. Februar 1923 über die Erhebung einer vorläufigen Steuer vom Grundvermögen (Gesetzsamml. S. 29) gebildeten Steuerausschuß aus seinen Mitgliedern zu wählen ist. Der Vorsitzende des Steuerausschusses führt den Vorsitz in dem Einspruchsausschusse.

b) gegen die Einspruchsentscheidung des Einspruchsausschusses: die Beschwerde; über sie entscheidet ein Beschwerdeausschuß für die Wohnungsbauabgabe, der von dem nach dem genannten Gesetze gebildeten Berufungsausschuß aus seinen Mitgliedern zu wählen ist. Der Vorsitzende des Berufungsausschusses führt den Vorsitz in dem Beschwerdeausschusse.

Der Einspruchs- und der Beschwerdeausschuß bestehen aus dem Vorsitzenden und vier Mitgliedern.

Lehnen die Mitglieder des Steuerausschusses oder des Berufungsausschusses die Annahme der Wahl ab, so sind die fehlenden Mitglieder für den Einspruchsausschuß von der Gemeindevertretung (Kreisausschuß), für den Beschwerdeausschuß vom Provinzialausschuß, in Berlin vom Magistrate zu wählen.

Für den Einspruchs- und den Beschwerdeausschuß gelten die Vorschriften des genannten Gesetzes über den Steuerausschuß als Rechtsmittelbehörde und über den Berufungsausschuß.

2. Die Entscheidungen des Einspruchs- und des Beschwerdeausschusses erstrecken sich auch auf die Zuschläge.

3. Der Einspruch ist auch zulässig gegen die vom Abgabeschuldner vorgenommene Verteilung der Wohnungsbauabgabe auf die zur Erstattung Verpflichteten. Die Verweigerung der schriftlichen Anerkennung gilt als Erhebung des Einspruchs.

Das Recht des Einspruchs gegen die Verteilung steht auch dem Vorsteher des Katasteramts zu.

4. Einsprüche, die sich gegen die der Veranlagung zugrundeliegende Gebäudesteuer richten, sind nicht zulässig.

5. Einsprüche und Beschwerden sind bei dem Vorsitzenden des Einspruchsausschusses (Vorsteher des Katasteramts) binnen einer Ausschlußfrist von einem Monate nach

Zustellung der angefochtenen Entscheidungen oder nach erfolgter Bekanntmachung der Verteilung anzubringen. Ist eine Zustellung nicht erfolgt, so beginnt die Frist mit Ablauf des Tages, an dem die Entscheidung bekanntgeworden ist oder als bekanntgemacht gilt. Für die Berechnung der Frist gelten die Vorschriften des Bürgerlichen Gesetzbuchs.

6. Nachsicht wegen Versäumung der Rechtsmittelfrist kann beantragen, wer ohne sein Verschulden verhindert war, die Frist einzuhalten. Das Verschulden eines gesetzlichen Vertreters oder eines Bevollmächtigten steht dem eigenen Verschulden gleich.

Über den Antrag auf Nachsicht entscheidet die Stelle, die über das versäumte Rechtsmittel zu entscheiden hat.

Der Antrag ist innerhalb zweier Wochen nach Ablauf des Tages zu stellen, an dem der Antrag zuerst gestellt werden konnte; dabei sind die Tatsachen, die den Antrag begründen sollen, anzuführen und glaubhaft zu machen. Innerhalb dieser Frist ist die Einlegung des versäumten Rechtsmittels nachzuholen.

Die Nachsicht kann auch ohne Antrag bewilligt werden, falls das versäumte Rechtsmittel innerhalb der Frist von zwei Wochen eingelegt ist.

Nach Ablauf von drei Monaten, von dem Ende der versäumten Frist an gerechnet, kann Nachsicht nicht mehr begehrt oder ohne Antrag bewilligt werden.

Artikel 9a. Bei Erhöhung der Wohnungsbauabgabe erstrecken sich die schwebenden Anträge (Artikel 8) und Rechtsmittel (Artikel 9 und 10) sowie die bereits getroffenen Entscheidungen ohne weiteres auch auf die erhöhte Wohnungsbauabgabe, sofern es sich nicht um abgelehnte Anträge des § 15 Abs. II Satz 2 zu b des Reichsgesetzes handelt [1]).

Rechtsmittel bei den Zuschlägen.

Artikel 10. 1. Als Rechtsmittel gegen die Festsetzung der Zuschläge der Gemeinden (Kreise) und gegen die Entscheidungen des Gemeindevorstandes (Vorsitzenden des Kreisausschusses) auf die Erlaßanträge hinsichtlich der Mehrzuschläge sind die Rechtsmittel des Artikel 9 mit der Maßgabe zulässig, daß Einsprüche und Beschwerden bei dem Gemeindevorstande (Vorsitzenden des Kreisausschusses) anzubringen sind und über den Einspruch der Gemeindevorstand (Kreisausschuß) entscheidet.

2. Einsprüche (1), die sich gegen die Höhe der Wohnungsbauabgabe richten, sind nicht zulässig.

3. Die Einspruchsentscheidung des Gemeindevorstandes (Kreisausschusses) bei Erlaßanträgen darf sich nur auf den Mehrzuschlag beziehen. Wird der Mehrzuschlag in voller Höhe erlassen, so ist der Einspruch an den Einspruchsausschuß (Artikel 9 Ziffer 1 a) zur Entscheidung über die Wohnungsbauabgabe und den Pflichtzuschlag abzugeben.

4. Wird der Mehrzuschlag nicht durch die Einspruchsentscheidung, sondern erst durch die Beschwerdeentscheidung in voller Höhe erlassen, so muß der Beschwerdeausschuß auch über einen etwaigen Erlaß der Wohnungsbauabgabe und des Pflichtzuschlags entscheiden. Die Entscheidung ist endgültig.

Die Wohnungsbauabgabe und der Pflichtzuschlag können ganz oder teilweise nur erlassen werden, wenn der Mehrzuschlag bereits in voller Höhe erlassen wird.

---

[1]) Zusatz der VO. v. 30. 7. 23 (GS. 395) Ziff. 4.

Fälligkeit.

Artikel 11. 1. Die Wohnungsbauabgabe ist in vierteljährlichen Beträgen in der zweiten Hälfte des zweiten Monats jedes Vierteljahrs an die im Abgabebescheide zu bezeichnende Empfangsstelle abzuführen.

2. Die zur Erstattung Verpflichteten haben die Teilbeträge nach der erstmaligen, bei der Bekanntgabe der Verteilung geleisteten Zahlung vierteljährlich in den ersten Tagen des zweiten Monats auch ohne besondere Aufforderung an den Abgabeschuldner zu entrichten.

Abstandnahme von der Veranlagung.

Artikel 12. Die Veranlagung der Wohnungsbauabgabe kann unterbleiben, wenn feststeht, daß die Kosten der Einziehung die Höhe des einzuziehenden Betrages erreichen.

Beitreibung von den zur Erstattung Verpflichteten.

Artikel 13. Die Beträge, die von den Nutzungsberechtigten der Gebäude oder Gebäudeteile an den Abgabeschuldner zu erstatten sind, sind im Falle der Zahlungsverweigerung auf Grund der von den Nutzungsberechtigten anerkannten oder im Rechtsmittelverfahren endgültig festgesetzten Verteilungsliste wie Gemeindeabgaben beizutreiben.

Niederschlagung.

Artikel 14. 1. Abgabebeträge dürfen niedergeschlagen werden, wenn feststeht, daß die Beitreibung keinen Erfolg haben wird, oder wenn die Kosten der Beitreibung den beizutreibenden Betrag erreichen.

2. Handelt es sich um die Beitreibung von einem zur

Erstattung Verpflichteten (Artikel 5 Ziffer 4), so haftet der Abgabeschuldner nicht für den Ausfall.

3. Kann ein Gebäude oder Gebäudeteil infolge behördlicher Zwangsmaßnahmen nicht genutzt werden, so ist der in dieser Zeit auf das Gebäude oder den Gebäudeteil entfallende Abgabebetrag niederzuschlagen.

4. Die Ermächtigung zur Niederschlagung wird den Katasterämtern übertragen.

Veränderungen im Laufe des Veranlagungszeitraums.

Artikel 15. 1. Bei Eigentumsübergang von Gebäuden bleibt die Veranlagung der Wohnungsbauabgabe bestehen.

2. Veränderungen, die eine Erhöhung oder Verminderung der Wohnungsbauabgabe innerhalb des Veranlagungszeitraums bedingen, sind von dem Abgabeschuldner dem Katasteramt anzuzeigen; bei solchen Veränderungen ist eine neue Veranlagung vorzunehmen.

3. Die neu veranlagten Beträge sind bei Erhöhung der Wohnungsbauabgabe von dem ersten des Monats an zu erheben, der auf den Eintritt der Veränderung folgt, bei Verminderung der Wohnungsbauabgabe von dem ersten des Monats an, in dem die Veränderungen eingetreten sind. Nachforderungen für das laufende Vierteljahr können unterbleiben, wenn die entstehenden Kosten den nachzufordernden Betrag erreichen. Dies gilt sinngemäß für Erstattungen, sofern diese nicht ausdrücklich beantragt werden. Als Antrag gilt auch die Einlegung eines Rechtsmittels.

Wohnungsbauabgabe in den Hohenzollernschen Landen.

Artikel 16. Diese Verordnung gilt für die Hohenzollernschen Lande mit folgenden Abweichungen:

a) An Stelle des Vielfachen der Gebäudesteuer (Artikel

1, 3 Ziffer 2 und Artikel 4) wird das Sechsfache des auf Grund des Gesetzes vom 30. August 1834 festgesetzten Gebäudesteuerkapitals als Wohnungsbauabgabe erhoben[1]). Die Vierteljahresbeträge der Wohnungsbauabgabe sind für jede Gebäudebesitzung auf volle zehn Mark nach unten abzurunden.

b) Artikel 2 lautet:

1. Zuschläge zur Wohnungsbauabgabe in gleicher Höhe wie diese (Pflichtzuschläge) erheben die Oberamtsbezirke.

2. Den Stadtgemeinden kann vom Regierungspräsidenten auf Antrag das Recht zur selbständigen Erhebung der Zuschläge gewährt werden.

3. Die Oberamtsbezirke und die Stadtgemeinden können die Erhebung von Mehrzuschlägen neben den Pflichtzuschlägen beschließen. Die Beschlüsse bedürfen der Genehmigung des Regierungspräsidenten und sind in ortsüblicher Weise bekanntzugeben.

Wohnungsbauabgabe in dem Gebietsteil Pyrmont.

Artikel 17. Diese Verordnung gilt für den Gebietsteil Pyrmont mit folgender Abweichung:

An Stelle des Vielfachen der Gebäudesteuer (Artikel 1, 3 Ziffer 2 und Artikel 4) werden 50 vom Hundert[1]) der Versicherungssumme erhoben, zu der die Gebäude nach Maßgabe des waldeckischen Gesetzes, betr. die Feuerversicherungsanstalt der Fürstentümer Waldeck und Pyrmont, vom 4. Januar 1912 (Reg. Bl. S. 13) eingeschätzt sind. Soweit Gebäude nicht versichert sind, hat das Katasteramt die Versicherungssumme nach den Bestimmungen des vorgenannten Gesetzes festzusetzen.

---

[1]) Hiervon das Dreißigfache; vgl. S. 53 Anm. 1.

Die Vierteljahresbeträge der Wohnungsbauabgabe sind für jede Gebäudebesitzung auf volle zehn Mark nach unten abzurunden.

Aufhebung der bisherigen Verordnungen.

Artikel 18. 1. Die Verordnung, betreffend die Erhebung einer Abgabe zur Förderung des Wohnungsbaus in Preußen, vom 22. November 1921 (Gesetzsamml. S. 549) und die Verordnung, betreffend die Erhebung einer Abgabe zur Förderung des Wohnungsbaus in den Hohenzollernschen Landen, vom 12. Juni 1922 (Gesetzsamml. S. 139) treten mit dem 31. Dezember 1922 außer Kraft.

2. Soweit das durch die Verordnungen zu 1 geregelte Verfahren noch nicht abgeschlossen ist, hat die Durchführung nach den bisherigen Vorschriften zu geschehen.

Berlin, den 4. Mai 1923.

Der Finanzminister.
v. Richter.

Der Minister für Volkswohlfahrt.
Hirtsiefer.

F.

Wohnungsmangelgesetz.

Vom 26. Juli 1923 (RGBl. I 754).

Fassung der Bekanntmachung des Reichsarbeitsministers v. 28. Juli 1923 (RGBl. I 754).

In Kraft in dieser Fassung seit 1. September 1923 (Art. 5 RGes. v. 26. 7. 23, RGBl. I 751).

---

§ 1. Die oberste für das Wohnungswesen zuständige Landesbehörde kann Gemeindebehörden zu den nach diesem Gesetze zulässigen Anordnungen und Maßnahmen ermächtigen oder verpflichten. Sie kann die Anordnungen und Maßnahmen auch unmittelbar treffen oder die Berechtigung hierzu einer ihr unterstellten Behörde übertragen. Sie führt die Aufsicht über die Durchführung der Anordnungen oder Maßnahmen und erteilt die erforderlichen Anweisungen.

§ 2. Ohne vorherige Zustimmung der Gemeindebehörde dürfen

a) Gebäude oder Teile von Gebäuden nicht abgebrochen,
b) mehrere Wohnungen zu einer nicht vereinigt werden.

Räume, die bis zum 1. Oktober 1918 zu Wohnzwecken bestimmt oder benutzt waren, dürfen zu anderen Zwecken, insbesondere als Fabrik-, Lager-, Werkstätten-, Dienst- oder Geschäftsräume nicht verwendet werden. In besonderen Fällen kann die Gemeindebehörde Ausnahmen zulassen, wenn für den beanspruchten Raum neuer Wohnraum erstellt wird.

§ 3. Der Verfügungsberechtigte hat der Gemeindebehörde

a) unverzüglich Anzeige zu erstatten, sobald eine Wohnung oder Fabrik-, Lager-, Werkstätten-, Dienst-, Geschäftsräume oder sonstige Räume unbenutzt sind,

b) ihrem Beauftragten über die unbenutzten Wohnungen und Räume sowie über deren Vermietung Auskunft zu erteilen und ihm die Besichtigung zu gestatten.

Als unbenutzt gelten Wohnungen und Räume der bezeichneten Art, wenn sie völlig leerstehen oder nur zur Aufbewahrung von Sachen dienen, sofern dem Verfügungsberechtigten eine andere Aufbewahrung ohne Härte zugemutet werden kann, oder wenn der Verfügungsberechtigte seinen Wohnsitz dauernd oder zeitweilig in das Ausland verlegt hat.

§ 4. Die Gemeindebehörde kann für eine unbenutzte Wohnung oder andere unbenutzte Räume, die zu Wohnzwecken geeignet sind, von dem Verfügungsberechtigten verlangen, daß er mit einem der ihm bezeichneten Wohnungsuchenden innerhalb einer angemessenen Frist einen Mietvertrag abschließt. Kommt ein Mietvertrag nicht zustande, so setzt auf Anrufen der Gemeindebehörde das Mieteinigungsamt, falls für den Verfügungsberechtigten kein unverhältnismäßiger Nachteil aus der Vermietung an sich oder aus der Art des Mieters zu besorgen ist, einen Mietvertrag fest. Der Vertrag gilt als geschlossen, wenn der Wohnungsuchende oder der Verfügungsberechtigte nicht innerhalb einer vom Mieteinigungsamte zu bestimmenden Frist bei diesem Widerspruch erhebt. Der Inhalt des Vertrags gilt den Parteien gegenüber als vereinbart.

Das Mieteinigungsamt kann dabei anordnen, daß die

Gemeinde an Stelle des Wohnungsuchenden als Mieter gilt und berechtigt ist, die Mieträume dem Wohnungsuchenden weiterzuvermieten.

Stellt der Verfügungsberechtigte der Gemeindebehörde Wohnräume, die eine abgeschlossene Wohnung nicht darstellen, oder abgeschlossene Wohnungen, die durch Teilung oder Ausbau einer Wohnung gewonnen werden, bevor eine Beschlagnahme erfolgt ist, freiwillig zur Verfügung, so genügt der Nutzungsberechtigte den Vorschriften des Abs. 1, wenn er mit einem der auf der Wohnungsliste der Gemeindebehörde eingezeichneten Wohnungsuchenden, die vor dem 1. Januar 1914 in Deutschland ihren Wohnsitz hatten oder zu den im § 14 dieses Gesetzes bezeichneten Personen gehören, einen Mietvertrag innerhalb der Frist abschließt. Die Gemeindebehörde ist verpflichtet, dem Verfügungsberechtigten Einblick in die Wohnungsliste zu gewähren.

Die Vorschriften des Abs. 3 gelten auch für den Fall, daß zur Verfügung gestellter Wohnraum durch Aufhebung des Mietvertrags wieder frei wird.

§ 5. Auf Anfordern der Gemeindebehörde hat der Verfügungsberechtigte der Gemeinde unbenutzte Fabrik-, Lager-, Werkstätten-, Dienst-, Geschäftsräume oder sonstige Räume (auch Dachgeschosse) zur Errichtung als Wohnräume gegen Vergütung zu überlassen. Das Mieteinigungsamt bestimmt die Höhe der Vergütung und die Zahlungsbedingungen, wenn eine Einigung hierüber nicht zustande kommt. Die Gemeindebehörde ist berechtigt, den Gebrauch der hergerichteten Räume einem Dritten zu überlassen, insbesondere sie zu vermieten.

Die Anordnung baulicher Veränderungen soll nur nach Anhörung des Verfügungsberechtigten erfolgen und nach

Möglichkeit die Schaffung eines dauernd verwertbaren Zustandes anstreben.

Nach Fortfall der der Gemeindebehörde erteilten Ermächtigung sind dem Verfügungsberechtigten die Räume in angemessener Frist zurückzugewähren. Die Frist bestimmt, wenn eine Einigung nicht zustande kommt, das Mieteinigungsamt. Auf Verlangen des Berechtigten hat die Gemeinde den der früheren Zweckbestimmung und Ausstattung entsprechenden Zustand der Räume wieder herzustellen, es sei denn, daß ein schriftliches Einvernehmen über die vorgenommenen Änderungen erzielt war.

§ 6. Machen sich nach dem Ermessen der obersten Landesbehörde infolge besonders starken Mangels an Wohnungen außergewöhnliche Mißstände geltend, so kann die oberste Landesbehörde mit Zustimmung des Reichsarbeitsministers Gemeindebehörden auch zu anderen als den in den §§ 2 bis 5 bezeichneten Anordnungen und Maßnahmen, insbesondere zu Eingriffen in die Freizügigkeit sowie die Unverletzlichkeit der Wohnung und des Eigentums, desgleichen zu Beschränkungen der Zwangsvollstreckung, soweit solche Eingriffe und Beschränkungen zur Behebung oder Milderung der Wohnungsnot dringend erforderlich sind, ermächtigen oder verpflichten oder mit Zustimmung des Reichsarbeitsministers solche Anordnungen und Maßnahmen unmittelbar treffen oder die Berechtigung hierzu einer ihr unterstellten Behörde übertragen. Eingriffe sollen nur erfolgen, nachdem der Versuch einer gütlichen Einigung erfolglos geblieben ist. Soweit für Eingriffe in Privatrechte Entschädigung zu gewähren ist, haftet für die Zahlung der Entschädigung die Stelle, welche die Verfügung trifft.

Für den Fall, daß Umbauten zur Durchführung des

Abs. 1 vorgenommen sind, gelten § 5 Abs. 2 und 3 entsprechend.

§ 7. Die Inanspruchnahme von Gebäuden oder Räumen, die im Eigentum oder in der Verwaltung des Reichs oder eines Landes oder im Eigentum oder in der Verwaltung einer Körperschaft des öffentlichen Rechts stehen und öffentlichen Zwecken oder zur Unterbringung von Angehörigen der Verwaltung des Reichs, des Landes oder der Körperschaft zu dienen bestimmt sind, ist nur zulässig, wenn von der zuständigen Reichs- oder Landesbehörde kein Einspruch erhoben wird. Diese Behörden entscheiden auch, ob die im Satz 1 erwähnten Voraussetzungen im Einzelfalle vorliegen. Ist Einspruch erhoben, so entscheidet bei Gebäuden oder Räumen, die zur Verfügung des Reichs stehen, die Reichsregierung, im übrigen die Landesregierung.

Die Bestimmungen des Abs. 1 finden auf Gebäude und Räume, die im Eigentum oder in der Verwaltung gemeinnütziger Anstalten und Stiftungen, sowie gemeinnütziger, nicht auf Erwerb gerichteter Organisationen stehen, oder die religiösen oder anerkannt gemeinnützigen oder mildtätigen Zwecken dienen, entsprechend Anwendung.

Die Bestimmungen der Abs. 1 und 2 gelten auch für andere Anordnungen und Maßnahmen, die auf Grund dieses Gesetzes getroffen sind. Das Recht der Gemeindebehörden aus §§ 2 und 3 bleibt jedoch unberührt. Die Versagung nach § 2 ist unzulässig, wenn gleichwertiger neuer Wohnraum hergestellt wird.

Verträge der im Abs. 1 und 2 genannten Stellen über die Ermietung von Gebäuden oder Gebäudeteilen zu öffentlichen Zwecken dürfen nicht der Genehmigung der Gemeindebehörden unterstellt werden.

§ 8. Wollen Personen, die vor dem 1. Januar 1914 in Deutschland ihren Wohnsitz hatten, oder Personen, bei denen die im § 14[1]) genannten Voraussetzungen vorliegen, ihre selbständigen benutzten Wohnungen innerhalb des Reichsgebiets miteinander tauschen, so sind sie verpflichtet, die Genehmigung der beteiligten Gemeindebehörden unter Beifügung der schriftlich gegebenen Zustimmung der Vermieter vor Durchführung des Tausches einzuholen. Wird die Zustimmung versagt, so entscheidet das Mieteinigungsamt. Unter diesen Voraussetzungen ist die Genehmigung innerhalb einer Frist von 14 Tagen zu erteilen; bei Überschreitung dieser Frist gilt die Genehmigung als erteilt. Die Vorschriften über die zulässige Belegung und Benutzung behalten Gültigkeit.

---

[1]) Hier liegt eine Ungenauigkeit der Bek. vor: Art. I Ziff. 9 des RGes. zur Änderung der Bek. über Maßnahmen gegen Wohnungsmangel v. 26. 7. 23 (RGBl. I 751) sagt „im § 9c" und bestimmt in Ziff. 19 (jetziger § 18, siehe unten), daß insoweit die bisherige Fassung maßgebend bleibt. Es hätte deshalb in der Neufassung des Gesetzes statt „im § 14" heißen müssen „im § 9c der Bekanntmachung über Maßnahmen gegen Wohnungsmangel vom 23. September 1918 in der Fassung des Gesetzes über Maßnahmen gegen Wohnungsmangel vom 11. Mai 1920 (RGBl. S. 949)".

Dieser alte, danach fortgeltende § 9c lautet:

Deutsche, die unter den Einwirkungen des Krieges aus dem Auslande oder aus einem vom Feinde besetzten oder infolge des Friedensschlusses aus dem Reichsgebiet ausscheidenden oder einer anderen Verwaltung unterstehenden Landesteile geflüchtet oder vertrieben worden sind, sowie Deutsche, die zur Erfüllung einer Wehrpflicht aus dem Ausland nach Deutschland zurückgekehrt sind und denen jetzt von der ausländischen Regierung die Rückkehr nach ihrem Wohnort verboten oder erschwert wird, sind von den Gemeindebehörden bei der Unterbringung der Wohnungsuchenden vorzugsweise zu berücksichtigen.

§ 9. Die obersten Landesbehörden können Ausführungsbestimmungen zu diesem Gesetz erlassen.

§ 10. Die obersten Landesbehörden können die von ihnen erteilten Ermächtigungen zurücknehmen und die Gemeindebehörden zur Aufhebung der von ihnen auf Grund der Ermächtigung getroffenen Anordnungen und Maßnahmen anhalten.

§ 11. Die zur Bekämpfung des Wohnungsmangels getroffenen Verfügungen sind mit schriftlicher, tatsächlicher und rechtlicher Begründung dem Betroffenen zuzustellen. Sie können im Wege unmittelbaren polizeilichen Zwanges durchgeführt werden. Gegen Reich und Land ist die Anwendung derartiger Zwangsmaßnahmen unzulässig; das gleiche gilt für die Reichsbank.

§ 12. Die Vorschriften dieses Gesetzes finden auf Neubauten oder durch Um- oder Einbauten neu geschaffene Räume keine Anwendung, wenn sie nach dem 1. Juli 1918 bezugsfertig geworden sind oder künftig bezugsfertig werden.

Auf Neubauten, die mit Zuschüssen aus den für die Wiederherstellung der während des Krieges zerstörten Gebiete bereitgestellten Mitteln errichtet sind, finden die Vorschriften dieses Gesetzes dagegen Anwendung.

§ 13. Werden vor dem 1. Juli 1918 bezugsfertig gewordene Räume, die im Eigentume von Gesellschaften oder Genossenschaften der im § 16 Abs. 1 Satz 3 des Reichsmietengesetzes bezeichneten Art stehen, von der Gemeindebehörde zur Unterbringung von Wohnungsuchenden in Anspruch genommen, so ist die Gemeindebehörde zur Bezeichnung der aufzunehmenden Wohnungsuchenden erst dann berechtigt, wenn die Gesellschaft oder Genossenschaft die Räume nicht innerhalb der ihr gestellten Frist an einen Wohnungsuchenden vergibt, der bereits seit mindestens einem Jahre der Gesellschaft oder der Genossenschaft als Mitglied angehört.

§ 14. Deutsche, die aus dem Ausland oder aus einem besetzten oder infolge des Friedensschlusses aus dem Reichsgebiet ausgeschiedenen oder einem einer anderen Verwaltung unterstehenden Landesteile vertrieben worden sind, sind von den Gemeinden bei der Unterbringung der Wohnungsuchenden vorzugsweise zu berücksichtigen.

Als vertrieben im Sinne des Abs. 1 gelten nur

1. diejenigen, welche infolge Ausweisungsbefehls der fremden Macht das Gebiet verlassen mußten,
2. diejenigen, denen der Aufenthalt in den Gebieten durch sonstige Maßnahmen der Behörde oder andere gleichzwingende Gründe unmöglich gemacht worden ist,
3. diejenigen, welche bei Ausbruch oder während des Krieges in den Gebieten gewohnt, sie alsdann verlassen haben und infolge von Maßnahmen der dortigen Behörden nicht zurückkehren konnten.

Als ein gleichzwingender Grund im Sinne des Abs. 2 Nr. 2 ist der allgemeine Verfall des Wirtschaftslebens in diesen Gebieten nicht anzusehen.

Die Eigenschaft als Vertriebener ist durch eine amtliche Bescheinigung festzustellen. Die obersten Landesbehörden bestimmen die Stellen, welche zur Ausstellung der Bescheinigung berechtigt sind. Von der Beibringung der amtlichen Bescheinigung sind befreit alle Deutschen, die beim Inkrafttreten dieses Gesetzes im Besitze von amtlichen Flüchtlingspapieren waren.

Der Anspruch nach Abs. 1 erlischt, sobald der Vertriebene eine Wohnung bezogen hat, sofern es sich nicht lediglich um eine Notwohnung handelt.

Familien mit drei oder mehr in der häuslichen Gemeinschaft lebenden Kindern sind ebenfalls als „vorzugsweise zu berücksichtigende" anzusehen.

§ 15. Auf Räume, die zur Unterbringung von Angehörigen eines Betriebs von dem Inhaber des Betriebs errichtet oder vor dem 1. Juli 1918 zu Eigentum erworben oder gemietet sind, finden die Vorschriften der §§ 3 bis 5 nur dann Anwendung, wenn solche Räume länger als vier Wochen nicht benutzt sind und keine sichere Aussicht auf die Benutzung innerhalb der nächsten vier Wochen besteht.

Soweit es sich um die Unterbringung von Personen handelt, die vor dem 1. Januar 1914 ihren Wohnsitz in Deutschland nicht hatten oder zu den im § 14[1]) genannten Personen nicht gehören, bedarf der Inhaber des Betriebes der Zustimmung der Gemeindebehörde, es sei denn, daß es sich um die Belegung von Räumen handelt, die für die besonderen Zwecke der Unterbringung von Wanderarbeitern oder ähnlichen Personen errichtet sind.

§ 16. Gegen eine auf Grund dieser Verordnung[2]) im Einzelfalle getroffene Verfügung steht dem unmittelbar Betroffenen die Beschwerde zu. Das Nähere regelt die oberste Landesbehörde.

§ 17. Mit Geldstrafe von mindestens 20 000 Mark und mit Gefängnis oder mit einer dieser Strafen wird bestraft:

1. wer einem gemäß § 2 erlassenen Verbote zuwiderhandelt,

---

[1]) Hier gilt nach Art. I Ziff. 14 RGes. v. 26. 7. 23 (RGBl. I 751) dasselbe wie bei § 8; vgl. oben Anm. 1 S. 71.

[2]) Muß jetzt heißen „dieses Gesetzes".

2. wer einer gemäß § 3 erlassenen Anordnung zuwider vorsätzlich eine Anzeige oder Auskunft nicht oder nicht rechtzeitig erstattet oder wissentlich unrichtige oder unvollständige Angaben macht oder eine Besichtigung nicht gestattet,
3. wer einer Anordnung zuwiderhandelt, die auf Grund des § 6 erlassen worden ist.

§ 18. In Gesetzen, Verordnungen oder Anordnungen, in denen auf Vorschriften der Bekanntmachung über Maßnahmen gegen Wohnungsmangel verwiesen ist, treten die entsprechenden Vorschriften dieses Gesetzes an ihre Stelle. Soweit jedoch im § 35 des Gesetzes über Mieterschutz und Mieteinigungsämter vom 1. Juni 1923 (Reichsgesetzbl. I S. 353) sowie in den §§ 8 und 15 dieses Gesetzes auf § 14[1]) Bezug genommen ist, bleibt die bisherige Fassung maßgebend. Diese gilt auch weiterhin für Personen, die zur Zeit des Inkrafttretens dieses Gesetzes auf Grund der bisherigen Fassung des § 14 bei einer Gemeindebehörde als Wohnungsuchende zur vorzugsweisen Berücksichtigung eingetragen waren.

G.

Preuß. Ausführungsbestimmungen zum Wohnungsmangelgesetze.

Vom 11. September 1923 (PrGS. 432).

Auf Grund der §§ 9, 14 und 16 des Wohnungsmangelgesetzes vom 26. Juli 1923 (Reichsgesetzbl. I S. 751) bestimme ich, was folgt:

---

[1]) Auch hier heißt es im eigentlichen Gesetzestext „im § 9c"; vgl. oben die Anm. zu §§ 8, 15.

§ 1. Zur Ausstellung der amtlichen Bescheinigung, durch welche die Eigenschaft als Vertriebener festgestellt wird, ist die Gemeinde- bzw. Polizeibehörde des bisherigen Wohnorts oder des ersten Aufenthaltsorts des Vertriebenen im Reichsgebiete tunlichst nach Benehmen mit dem Roten Kreuz und den von ihm bezeichneten Hilfsstellen berechtigt.

§ 2. Über die dem unmittelbar Betroffenen zustehende Beschwerde gegen eine auf Grund des Wohnungsmangelgesetzes getroffene Verfügung entscheidet das Mieteinigungsamt.

Im übrigen behalten meine Ausführungsbestimmungen vom 3. Juli 1920 (GesSamml. S. 361)[1]) entsprechende Gültigkeit.

§ 3. Diese Verordnung tritt am Tage ihrer Veröffentlichung in Kraft[2]).

Berlin, den 11. September 1923.

Der Preußische Minister für Volkswohlfahrt.
Hirtsiefer.

---

[1]) Die VO. ist unten zu H vollständig abgedruckt, um die Prüfung, was bei der „entsprechenden" Anwendung noch gilt, zu ermöglichen.

[2]) Die die VO. enthaltende Nr. 54 der PrGS. ist am 14. 9. 23 ausgegeben.

H.

Preuß. Ausführungsvorschriften über das Verfahren vor den Einigungsämtern bei Einlegung von Beschwerden gegen Verfügungen der Gemeindebehörden gemäß Artikel 4b des Reichsgesetzes vom 11. Mai 1920 (Reichs-Gesetzbl. S. 949ff.).

Vom 3. Juli 1920 (PrGS. 361).

Auf Grund des Artikel 4b des Reichsgesetzes vom 11. Mai 1920 (Reichs-Gesetzbl. S. 949ff.) bestimme ich über das Verfahren vor dem Einigungsamte bei Einlegung von Beschwerden gegen Verfügungen der Gemeindebehörden, was folgt:

1. Die Beschwerde ist gemäß Artikel 4b des Reichsgesetzes vom 11. Mai 1920[1]) nur gegen diejenigen von den Gemeindebehörden getroffenen Verfügungen zulässig, welche auf Grund des § 9 der Wohnungsmangelverordnung vom 23. September 1918 (RGBl. S. 1143ff.)[2]) ergangen sind.
2. Die Beschwerde steht nur dem durch die Verfügung (den Eingriff) unmittelbar Betroffenen zu, also dem Inhaber der Räume, gegen den sich die Beschlagnahme richtet. Deswegen steht dem Zwangsmieter, der dem Wohnungsinhaber zugewiesen ist, oder dem nicht berücksichtigten Wohnungsuchenden die Beschwerde nicht zu.
3. Gegenstand der Beschwerde ist die Beschlagnahme be-

---

[1]) Jetzt § 16 Wohnungsmangelgesetzes, oben zu F.
[2]) Jetzt § 6 WMG.

nutzter Räume, die auf Grund des § 9 der Wohnungsmangelverordnung[1]) den unbenutzten Räumen der in §§ 4 und 5 der Wohnungsmangelverordnung[2]) bezeichneten Art gleichgestellt sind. Deswegen hat das Mieteinigungsamt ebenso wie in dem Falle des § 4 der Wohnungsmangelverordnung[3]) bei Entscheidung der Frage, ob die Beschwerde abzuweisen und demgemäß ein Zwangsmietvertrag festzusetzen ist, zu prüfen, ob für den Verfügungsberechtigten ein unverhältnismäßiger Nachteil zu besorgen ist.

4. Nicht zu prüfen ist von dem Einigungsamte die Notwendigkeit und Zweckmäßigkeit derjenigen allgemeinen Anordnungen, auf Grund deren im Einzelfalle die mit der Beschwerde angegriffene Verfügung ergangen ist. Das Einigungsamt kann also die im Einzelfall ergangene Verfügung nicht mit der Begründung aufheben, daß die staatliche Ermächtigung oder die allgemeine Anordnung unnötig, unzweckmäßig oder wegen der damit verbundenen Härten ungerechtfertigt erscheine.
5. Die Beschwerde ist binnen einer Woche bei derjenigen Stelle, die die Verfügung erlassen hat (Magistrat, Wohnungsamt, Gemeindevorsteher, Gemeindevorstand, Landbürgermeister, Amtmann, Kreisausschuß usw.), einzulegen. Die Behörde hat das Recht, die angegriffene Verfügung vor ihrer Weitergabe an das Einigungsamt zurückzuziehen oder abzuändern.
6. Wenn die angegriffene Verfügung nach dem Ermessen der Behörde, die sie erlassen hat, ohne Nachteil für

[1]) Jetzt § 6 WMG.
[2]) Jetzt §§ 4, 5 WMG.
[3]) Jetzt § 4 WMG.

das Gemeinwesen nicht ausgesetzt werden kann, hat die Einlegung der Beschwerde keine aufschiebende Wirkung. Gegen die Art der Durchführung der Verfügung, die im Wege des Artikel 4 des Reichsgesetzes vom 11. Mai 1920 [1]) erfolgen kann, ist die Beschwerde an das Einigungsamt nicht gegeben.

Gegen die polizeilichen Zwangsmaßnahmen bleiben vielmehr die bisherigen Rechtsmittel gegeben.

7. Durch das Beschwerdeverfahren nach Artikel 4 b des Reichsgesetzes vom 11. Mai 1920 [2]) sind die Befugnisse der Kommunalaufsichtsbehörde, wie sie in §§ 7 und 24 des Zuständigkeitsgesetzes vom 1. August 1883 (GesSamml. S. 237) abgegrenzt sind, nicht beseitigt worden. Die Kommunalaufsichtsbehörden sind daher innerhalb des Rahmens der ihnen gesetzlich zustehenden Befugnisse jederzeit einzugreifen berechtigt; in das Verfahren bei Festsetzung eines Zwangsmietvertrags jedoch nur so lange, als das Einigungsamt den Zwangsmietvertrag noch nicht festgesetzt hat.

8. Auf das Verfahren findet die Anordnung des Reichskanzlers für das Verfahren vor den Einigungsämtern vom 23. September 1918 (RGBl. S. 1146) [3]) Anwendung.

Berlin, den 3. Juli 1920.

Der Minister für Volkswohlfahrt.
Stegerwald.

---

[1]) Jetzt § 11 WMG.

[2]) Jetzt § 16 WMG.

[3]) Jetzt Anordnung der Reichsregierung v. 19. 9. 23 (RGBl. I 889), unten zu L.

J.

Anordnung des preuß. Ministers für Volkswohlfahrt, betreffend Verlängerung von auf Grund des Wohnungsmangelgesetzes erlassenen Anordnungen.

Vom 19. September 1923 (PrGS. 446).

Auf Grund des § 6 des Wohnungsmangelgesetzes vom 26. Juli 1923 in Verbindung mit § 50 des Gesetzes über Mieterschutz und Mieteinigungsämter vom 1. Juni 1923 und dem Reichsgesetz über Verlängerung der Geltungsdauer des Wohnungsmangelgesetzes vom 26. Juni 1923 ordne ich mit Zustimmung des Reichsarbeitsministers für den Umfang des Preußischen Staates an, daß, vorbehaltlich von Änderungen, sämtliche auf Grund der Wohnungsmangelverordnung vom 23. September 1918 in der Fassung der Reichsgesetze vom 11. Mai 1920 (RGBl. S. 949), vom 11. Juli 1921 (RGBl. S. 933) und vom 28. Juni 1922 (RGBl. I S. 529) erlassenen Anordnungen, insbesondere auch die auf einen Endtermin befristeten, soweit sie nicht den Vorschriften des Wohnungsmangelgesetzes vom 26. Juli 1923 und des Mieterschutzgesetzes vom 1. Juni 1923 entgegenstehen, bis zum 31. Dezember 1923 in Kraft bleiben.

Berlin, den 19. September 1923.

Der Minister für Volkswohlfahrt.
Hirtsiefer.

K.

Gesetz über
Mieterschutz und Mieteinigungsämter.

Vom 1. Juni 1923 (RGBl. I 353).

1. Abschnitt.

Mieterschutz.

a. Beschränkung der Aufhebung von Mietverhältnissen.

§ 1. Mietverhältnisse über Gebäude oder Gebäudeteile können, vorbehaltlich der §§ 19 bis 26, auf Verlangen des Vermieters gegen den Willen des Mieters nur aus den in den §§ 2 bis 4 bezeichneten Gründen aufgehoben werden. Die Aufhebung erfolgt auf Klage des Vermieters durch gerichtliches Urteil.

Ist das Mietverhältnis für eine bestimmte Zeit eingegangen, so wird es nach dem Ablauf der Mietzeit fortgesetzt, wenn nicht der Mieter spätestens zu dem Zeitpunkt, zu dem nach § 565 des Bürgerlichen Gesetzbuchs[1]) eine für den Ablauf der Mietzeit zulässige Kündigung zu erfolgen haben würde, sich auf die Beendigung des Mietverhältnisses beruft. Ein vertraglich vorbehaltenes Rück-

[1]) Spätestens am dritten Werktage des Kalendervierteljahres für dessen Schluß, bei monatlich bemessenem Zins spätestens am 15. für den Kalendermonatsschluß, bei wöchentlich bemessenem Zins spätestens am ersten Werktage für den Kalenderwochenschluß, bei nach Tagen bemessenem Zins an jedem Tage für den folgenden.

trittsrecht kann vom Vermieter nicht gegen den Willen des Mieters ausgeübt werden.

Dem Vermieter steht gleich, wer nach dem Abschluß des Mietvertrags das Eigentum an dem Grundstück erwirbt.

§ 2. Der Vermieter kann auf Aufhebung des Mietverhältnisses klagen, wenn der Mieter oder eine Person, die zu seinem Hausstand oder Geschäftsbetriebe gehört, oder der er den Gebrauch des Mietraums überlassen hat, sich einer erheblichen Belästigung des Vermieters oder eines Hausbewohners schuldig macht oder durch unangemessenen Gebrauch des Mietraums oder Vernachlässigung der gebotenen Sorgfalt den Mietraum oder das Gebäude erheblich gefährdet, oder wenn der Mieter einem Dritten den Gebrauch des Mietraums beläßt, obwohl er zur Überlassung nicht befugt ist. Die angemessene Wahrnehmung der Befugnisse eines Mietervertreters ist als Belästigung nicht anzusehen.

Die Aufhebung ist nur zulässig, wenn der Mieter ungeachtet einer Abmahnung des Vermieters das Verhalten fortsetzt oder es unterläßt, eine ihm mögliche Abhilfe zu schaffen, oder wenn das Verhalten des Mieters oder einer der im Abs. 1 bezeichneten Personen ein solches war, daß dem Vermieter die Fortsetzung des Mietverhältnisses nicht zugemutet werden kann. Hatte der Vermieter oder eine zu seinem Hausstand gehörige Person die Belästigung (Abs. 1) durch eigenes Verschulden veranlaßt, so findet eine Aufhebung nicht statt.

Der Vermieter muß die Klage binnen sechs Monaten von dem Zeitpunkt an erheben, in dem er von dem Aufhebungsgrunde Kenntnis erlangt hat. Die Klage ist ausgeschlossen, wenn seit dem Entstehen des Aufhebungsgrundes ein Jahr verstrichen ist.

§ 3. Der Vermieter kann auf Aufhebung des Mietverhältnisses klagen, wenn der Mieter, welcher den Mietzins in kürzeren als vierteljährigen Zeitabschnitten zu entrichten hat, mit einem Betrag im Verzug ist, welcher den für die Dauer von zwei Monaten zu entrichtenden Mietzins erreicht. Ist der Mietzins in vierteljährigen oder längeren Zeitabschnitten zu entrichten, so kann die Aufhebungsklage erhoben werden, wenn der Mieter mit einem Betrag im Verzug ist, welcher den für die Dauer eines Vierteljahres zu entrichtenden Mietzins erreicht; bei nur einmaligem Rückstand ist die Erhebung der Klage, wenn Vorauszahlung vereinbart war, erst vier Monate, im übrigen erst einen Monat nach der Fälligkeit zulässig. Bezieht sich der Rückstand auf mehrere Zeitabschnitte, so ist für die Berechnung des nach Satz 1, 2 maßgebenden Betrags der Mietzins des Zeitabschnitts zugrunde zu legen, hinsichtlich dessen der Mieter zuerst in Verzug geraten ist.

Der Anspruch besteht nicht, wenn der Verzug auf eine nicht auf Fahrlässigkeit beruhende Unkenntnis des Mieters über den Betrag oder den Zeitpunkt der Fälligkeit des Mietzinses zurückzuführen ist.

Die Aufhebung ist nicht mehr zulässig, wenn der Mieter den Vermieter vor dem Erlasse des Urteils befriedigt oder wenn sich der Mieter von seiner Schuld durch Aufrechnung befreien kann und bis zum Erlasse des Urteils die Aufrechnung erklärt.

§ 4. Der Vermieter kann auf Aufhebung des Mietverhältnisses klagen, wenn für ihn aus besonderen Gründen ein so dringendes Interesse an der Erlangung des Mietraums besteht, daß auch bei Berücksichtigung der

Verhältnisse des Mieters die Vorenthaltung eine schwere Unbilligkeit für den Vermieter darstellen würde. Zugunsten des Mieters ist dabei der Umstand mit zu berücksichtigen, daß der Mieter im Einverständnis mit dem Vermieter in dem Mietraum bauliche, mit einem erheblichen Kostenaufwande verbundene Arbeiten hat vornehmen lassen. Bei gewerblichen Räumen ist es zugunsten eines Mieters, der keine weitere Betriebsstätte als den herauszugebenden Raum besitzt, mit zu berücksichtigen, wenn der Vermieter außer einer Hauptbetriebsstätte mehrere Zweigstellen in demselben Gemeindebezirk innehat und den Mietraum lediglich zur Vergrößerung seines Betriebs verwenden will. Die Absicht des Vermieters, den Raum selbst in Gebrauch zu nehmen oder ihn Angehörigen zum Gebrauche zu überlassen, rechtfertigt allein die Aufhebung nicht.

Das Gericht kann die Aufhebung auf einen Teil des Mietraums beschränken, insbesondere wenn der Vermieter Nebenräume, welche nicht Wohnräume sind, oder entbehrliche Teile des Mietraums zur Herstellung selbständigen Wohnraums braucht. In diesem Falle ist, sofern ein vereinbarter Mietzins zu zahlen ist, auf Antrag in der Urteilsformel auszusprechen, um welchen Betrag sich der Mietzins für den verbleibenden Teil des Mietraums mindert; gilt die gesetzliche Miete, so wird der verbleibende Teil des Mietzinses nach § 2 Abs. 4 des Reichsmietengesetzes von dem Mieteinigungsamte festgesetzt.

Wird das Mietverhältnis lediglich auf Grund des Abs. 1 aufgehoben, so kann das Gericht auf Antrag des Mieters den Vermieter verpflichten, dem Mieter die für den Umzug innerhalb des Gemeindebezirkes erforderlichen Kosten ganz oder teilweise zu ersetzen, wenn dies nach Lage der Sache, insbesondere nach den Vermögens- und Erwerbsverhältnissen der Vertragsteile, der Billigkeit entspricht. Die oberste Landesbehörde kann bestimmen, daß benachbarte Gemeinden als eine Gemeinde im Sinne dieser Vorschrift anzusehen sind. Für Gemeinden, die verschiedenen Ländern angehören, kann auf Antrag der beteiligten obersten Landesbehörden der Reichsarbeitsminister die Bestimmung treffen.

Soweit die Ersatzpflicht ausgesprochen wird, ist auf Antrag des Mieters die Zwangsvollstreckung von der Hinterlegung eines in der Urteilsformel zu bezeichnenden, die Umzugskosten oder den zugebilligten Teil mutmaßlich deckenden Geldbetrags abhängig zu machen.

Der Mieter ist über die Zulässigkeit der in den Abs. 3, 4 bezeichneten Anträge zu belehren. Wird das Urteil nur wegen der Umzugskosten angefochten, so erfolgt die Anfechtung durch sofortige Beschwerde.

Auf Antrag des Mieters kann durch einstweilige Verfügung die Hinterlegung des im Abs. 4 bezeichneten Betrags angeordnet werden, wenn der Mieter mit der erforderlichen behördlichen Genehmigung (§ 31) einen Ersatzraum gemietet oder wenn das Mieteinigungsamt einen Mietvertrag über einen Ersatzraum festgesetzt hat. Zum Erlasse der einstweiligen Verfügung ist nicht erforderlich, daß eine Gefährdung des Anspruchs glaubhaft gemacht wird.

Das Gericht kann in dem das Mietverhältnis aufhebenden Urteil aussprechen, daß eine Beschlagnahme des Mietraums durch die Gemeindebehörde unter bestimmten, im Urteil zu bezeichnenden Voraussetzungen ausgeschlossen ist. Eine Anfechtung des Urteils findet insoweit nicht statt.

§ 5. In den Fällen der §§ 2 bis 4 ist das Mietverhältnis für den Zeitpunkt aufzuheben, für den eine zur Zeit der Klageerhebung erfolgende Kündigung nach dem Vertrag oder beim Mangel einer Vertragsbestimmung nach § 565 des Bürgerlichen Gesetzbuchs [1]) zulässig sein oder an dem die vereinbarte Mietzeit ablaufen würde. In den Fällen der §§ 2, 3 kann auf Antrag des Vermieters das Mietverhältnis mit sofortiger Wirkung aufgehoben werden.

Der Zeitpunkt, für den die Aufhebung erfolgt, ist in der Urteilsformel festzustellen.

In der Urteilsformel ist ferner zu bestimmen, daß der Mieter den Mietraum zu dem im Abs. 1 bezeichneten Zeitpunkt an den Vermieter herauszugeben hat. § 721 der Zivilprozeßordnung [2]) bleibt unberührt.

§ 6. Wird ein Mietverhältnis lediglich auf Grund des § 4 Abs. 1 aufgehoben, so ist die Zwangsvollstreckung durch Ausspruch in der Urteilsformel davon abhängig zu machen, daß für den Mieter ein unter Berücksichtigung seiner Wohn- oder Geschäftsbedürfnisse angemessener Ersatzraum gesichert ist. Enthält das Urteil den Ausspruch nicht, so ist es zu ergänzen; auf das Verfahren finden die Vorschriften des § 319 Abs. 2, 3 der Zivilprozeßordnung [3]) entsprechende Anwendung.

[1]) Oben Anm. 1 bei § 1 S. 81.

[2]) „Wird auf Räumung einer Wohnung erkannt, so kann das Gericht auf Antrag dem Schuldner eine den Umständen nach angemessene Frist zur Räumung gewähren. Auf den Antrag finden die Vorschriften der §§ 714 (Antragstellung vor Schluß der letzten mündlichen Verhandlung), 716 (Urteilsergänzung nach § 321 ZPO. — unten Anm. 2 S. 107 — bei Übergehung des Antrags) entsprechende Anwendung."

[3]) Unten Anm. 1 S. 107.

Erfolgt die Aufhebung aus einem anderen Grunde oder ist sie auf einen Teil des Mietraums beschränkt (§ 4 Abs. 2), so kann die Zwangsvollstreckung von der Sicherung eines ausreichenden Ersatzraums abhängig gemacht werden, wenn dies zur Vermeidung unbilliger Härten erforderlich erscheint. Abs. 1 Satz 2 gilt entsprechend, wenn der Mieter den Ausspruch beantragt hatte. Wird das Urteil nur wegen des Ausspruchs oder wegen des Mangels eines solchen angefochten, so erfolgt die Anfechtung durch sofortige Beschwerde.

Solange in den Fällen der Abs. 1, 2 der Ersatzraum nicht gesichert ist, jedoch nicht über den Zeitpunkt der Herausgabe des Mietraums hinaus, haben die Beteiligten in Ansehung dieses Raumes die aus dem Mietverhältnisse sich ergebenden Rechte und Pflichten.

Enthält das Urteil eine Beschränkung der Zwangsvollstreckung nach den Abs. 1, 2 oder nach § 4 Abs. 4 und treten nach der Rechtskraft des Urteils Tatsachen ein, welche die Aufhebung des Mietverhältnisses nach den §§ 2, 3 rechtfertigen würden, so kann der Vermieter die Aufhebung der Beschränkung verlangen. Über den Antrag des Vermieters wird auf Grund mündlicher Verhandlung durch Urteil entschieden; gegen das Urteil findet sofortige Beschwerde statt. § 25 Abs. 2 des Gerichtskostengesetzes[1]) gilt entsprechend.

b. Verfahren.

§ 7. Über die Aufhebungsklage entscheidet das Amtsgericht unter Zuziehung von Beisitzern. Ausschließlich zu-

[1]) „Ist ein Urteil unter Vorbehalt der Entscheidung über die Aufrechnung . . . erlassen worden, so wird durch die Gebühr für diese Entscheidung eine weitere Urteilsgebuhr in derselben Instanz nicht ausgeschlossen."

ständig ist das Amtsgericht, in dessen Bezirk sich der Mietraum befindet. Die Vereinbarung der schiedsgerichtlichen Erledigung ist unwirksam.

Die Beisitzer müssen zur Hälfte Vermieter aus dem Kreise der Hausbesitzer, zur Hälfte Mieter sein. Die Bestellung erfolgt auf Grund von Vorschlagslisten, die von örtlichen Hausbesitzer- und Mietervereinen zu erfordern sind, auf die Dauer von mindestens einem Jahre. Die Beisitzer erhalten für ihre Tätigkeit eine Vergütung.

Für die Auswahl der Beisitzer darf nur maßgebend sein, daß von ihnen eine gewissenhafte und unparteiische Ausübung des Amtes zu erwarten ist; nach der Zugehörigkeit zu bestimmten Berufsarten oder Bevölkerungskreisen darf ein Unterschied nicht gemacht werden. Personen, die gleichzeitig Vermieter und Mieter sind, sollen nicht zu Beisitzern bestellt werden. Das gleiche gilt für Mitglieder und Vertreter von Gesellschaften und Genossenschaften, die ihren Mitgliedern satzungsgemäß Wohnungen verschaffen, soweit diese Personen Wohnungen inne haben, die nicht den Vorschriften dieses Gesetzes unterliegen, es sei denn, daß sie von einem örtlichen Hausbesitzer- oder Mietervereine vorgeschlagen sind. Die Beisitzer dürfen nicht zugleich mit dem Vollzuge der Maßnahmen gegen Wohnungsmangel betraut sein. Sie dürfen nur bestellt werden, wenn sie sich verpflichten, für Dritte keine berufliche oder ehrenamtliche Tätigkeit auszuüben, die sich auf Mietverhältnisse über Gebäude oder Gebäudeteile bezieht; im Falle ihrer Geschäftsvereinigung mit anderen müssen auch diese sich verpflichten, keine solche Tätigkeit im Bezirke des Gerichts gegen Vergütung auszuüben. Als Tätigkeit dieser Art gelten nicht die Verwaltung eines Hauses für Mitberechtigte, die Wahrnehmung der Mieterinteressen von

Hausgenossen und die ehrenamtliche Tätigkeit in einem Hausbesitzer- oder Mietervereine. Im übrigen finden für die Berufung und deren Ablehnung sowie für die Verhältnisse, die bei der Ausübung des Amtes in Betracht kommen, die für Schöffen geltenden Vorschriften der §§ 31 bis 35, 51, 52, 54, 56 des Gerichtsverfassungsgesetzes entsprechende Anwendung; jedoch kann die Zahl der im § 35 Nr. 2 bezeichneten Sitzungstage anderweit gemäß Abs. 7 bestimmt werden.

Die Beisitzer sind in bestimmter Reihenfolge zu den Sitzungen heranzuziehen.

Wer eine Verpflichtung nach Abs. 3 Satz 5 übernommen hat, darf nicht dieser Verpflichtung zuwider vor einem Gericht, einem Mieteinigungsamt oder einer Beschwerdestelle (§ 42) als Bevollmächtigter oder Beistand in Angelegenheiten auftreten, die sich auf Mietverhältnisse über Gebäude oder Gebäudeteile beziehen.

Für jeden Beisitzer ist mindestens ein Stellvertreter zu bestellen. Die Vorschriften der Abs. 2 bis 5 gelten auch für die Stellvertreter.

Das Nähere über die Bestellung der Beisitzer regelt die oberste Landesbehörde.

§ 8. Die nicht auf Grund einer mündlichen Verhandlung ergehenden Beschlüsse und Verfügungen werden von dem Amtsrichter allein erlassen.

Im übrigen sind für die Befugnisse des Amtsrichters und der Beisitzer die Vorschriften über das landgerichtliche Verfahren maßgebend. Das Gericht kann anordnen, daß ein Augenschein durch die Beisitzer oder, wo mehr als zwei Beisitzer tätig sind, durch je einen Beisitzer aus dem Kreise der Vermieter und der Mieter eingenommen wird; andere Beweiserhebungen können Beisitzern nicht übertragen werden. Die Entscheidungen bedürfen nicht der Unterschrift durch die Beisitzer.

In bezug auf die Beratung und Abstimmung finden die §§ 194 bis 200 des Gerichtsverfassungsgesetzes entsprechende Anwendung. Die Vorschriften der Zivilprozeßordnung über die Ausschließung und Ablehnung der Gerichtspersonen gelten sinngemäß; die Entscheidung über die Ausschließung oder Ablehnung eines Beisitzers erfolgt durch den Amtsrichter.

§ 9. Die Bestimmung eines Termins zum Zwecke eines gerichtlichen Sühneversuchs kann auch von dem Mieter beantragt werden, der eine Aufhebungsklage befürchtet. § 510c der Zivilprozeßordnung[1]) gilt entsprechend.

§ 10. Jede Ladung einer Partei zur mündlichen Verhandlung über die Aufhebungsklage soll den Hinweis darauf enthalten, daß gegen die Partei Versäumnisurteil ergehen kann, wenn sie im Termin nicht erscheint oder sich nicht ordnungsmäßig vertreten läßt.

[1]) „Wer eine Klage zu erheben beabsichtigt, kann unter Angabe des Gegenstandes seines Anspruchs bei dem Amtsgerichte, vor welchem der Gegner seinen allgemeinen Gerichtsstand hat, beantragen, daß zum Zwecke eines Sühneversuchs Termin bestimmt werde.

Erscheinen beide Parteien und wird ein Vergleich geschlossen, so ist der Vergleich zu Protokoll festzustellen. Kommt ein Vergleich nicht zustande, so wird auf Antrag beider Parteien der Rechtsstreit sofort verhandelt; die Erhebung der Klage erfolgt in diesem Falle durch den mündlichen Vortrag. Die Klage ist zu Protokoll zu nehmen, falls die Sache streitig bleibt.

Ist der Gegner nicht erschienen, oder der Sühneversuch erfolglos geblieben, so werden die erwachsenen Kosten als Teil der Kosten des Rechtsstreits behandelt."

§ 11. In dem ersten auf die Klage angesetzten Termine kann die Zuziehung der Beisitzer unterbleiben.

Erscheint in dem Termine nur eine der Parteien, so erläßt auf ihren Antrag der Amtsrichter das Versäumnisurteil.

Erscheinen beide Parteien und kommt ein Vergleich nicht zustande, so hat der Amtsrichter die Entscheidung zu erlassen, wenn sie sofort erfolgen kann und beide Parteien es beantragen. Andernfalls ist ein neuer Verhandlungstermin, zu dem die Beisitzer zuzuziehen sind, anzusetzen und sofort zu verkünden. Zeugen und Sachverständige, deren Vernehmung der Amtsrichter für erforderlich erachtet, sind zu diesem Termine zu laden.

§ 12. Wird vor einem nach § 7 Abs. 1 besetzten Gericht oder vor dem Amtsrichter eine Partei, die einer Vereinigung der Hausbesitzer, der Mieter, der Arbeitgeber oder der Arbeitnehmer angehört, von einem Beauftragten der Vereinigung vertreten, so findet § 157 Abs. 1 der Zivilprozeßordnung[1]) insoweit keine Anwendung.

§ 13. Bis zum Schlusse der mündlichen Verhandlung, auf die das Urteil ergeht, können andere als die in der Klage vorgebrachten Klagegründe geltend gemacht werden. In der Berufungsinstanz gilt dies nur, wenn glaubhaft gemacht wird, daß der Vermieter ohne sein Verschulden außerstande gewesen sei, jene Gründe im ersten Rechtszug vorzubringen, oder wenn der Mieter zu der Änderung der Klage seine Einwilligung erteilt hat.

Die Leistung eines Eides ist durch Beweisbeschluß anzuordnen.

[1]) „Das Gericht kann Bevollmachtigte und Beistände, welche das mündliche Verhandeln vor Gericht geschäftsmäßig betreiben, zurückweisen."

Erfolgt die Aufhebung des Mietverhältnisses lediglich nach § 4, so ist das Urteil nicht für vorläufig vollstreckbar zu erklären. Ein Urteil, das auf einem anderen Grunde beruht, darf nur dann für vorläufig vollstreckbar erklärt werden, wenn glaubhaft gemacht wird, daß die Aussetzung der Vollstreckung dem Vermieter einen nicht zu ersetzenden Nachteil bringen würde.

Die Kosten des Rechtsstreits können, wenn die Aufhebung lediglich nach § 4 erfolgt, dem Vermieter ganz oder teilweise auferlegt werden, sofern dies nach Lage der Sache, insbesondere nach den Vermögens- und Erwerbsverhältnissen der Vertragsteile, der Billigkeit entspricht. Die Entscheidung über die Kosten kann in diesem Falle selbständig angefochten werden, sofern der Wert des Beschwerdegegenstandes den Betrag von tausend Mark übersteigt; die Anfechtung erfolgt durch sofortige Beschwerde.

Für die Wertberechnung bei der Aufhebungsklage ist der Betrag des für die Dauer eines Vierteljahrs zu entrichtenden Mietzinses maßgebend.

§ 14. Gegen ein Urteil, durch das ein Mietverhältnis aufgehoben oder eine Aufhebungsklage abgewiesen ist, finden die Berufung und in den Fällen des § 6 Abs. 2 Satz 3, Abs. 4 auch die sofortige Beschwerde ohne Rücksicht auf den Wert des Beschwerdegegenstandes statt.

Jedes auf eine Aufhebungsklage ergehende Urteil soll einen Hinweis auf den zulässigen Rechtsbehelf sowie auf die Form und Frist seiner Einlegung enthalten.

§ 15. Der Vermieter kann in der Klage neben dem Aufhebungsanspruch auch andere Ansprüche erheben, sofern sie das gleiche Mietverhältnis betreffen und das Gericht auch für sie zuständig ist.

Die Erhebung einer Widerklage ist nur statthaft, sofern der Gegenanspruch des Mieters das gleiche Mietverhältnis betrifft.

Wird mit der Aufhebungsklage ein Anspruch anderer Art verbunden, so ist auf Antrag des Beklagten anzuordnen, daß der Anspruch in getrenntem Prozesse verhandelt werde. Die Anordnung kann auch von Amts wegen getroffen werden. In entsprechender Weise ist zu verfahren, wenn eine Widerklage anderer Art erhoben wird. Die Abtrennung der Widerklage ist auf Antrag auch dann anzuordnen, wenn der mit ihr erhobene Anspruch die sachliche Zuständigkeit des Amtsgerichts übersteigt.

Der Antrag auf Abtrennung ist nur vor der Verhandlung des Antragstellers zur Hauptsache zulässig. Die Abtrennung von Amts wegen darf nur erfolgen, solange nicht eine Verhandlung zur Hauptsache stattgefunden hat und darauf ein Beschluß verkündet ist.

§ 16. Enthält das Urteil einen Ausspruch nach § 6 Abs. 1, 2, so darf von demjenigen Teile des Urteils, welcher die Herausgabe des Mietraums zum Gegenstande hat, eine vollstreckbare Ausfertigung nur auf Anordnung des Vorsitzenden erteilt werden. Die Anordnung ist erst zulässig, wenn durch eine Bescheinigung der Gemeindebehörde oder durch andere öffentliche oder öffentlich beglaubigte Urkunden nachgewiesen ist, daß der Ersatzraum für den Mieter gesichert ist und daß entweder der Mieter sich mit dem Ersatzraum einverstanden erklärt oder binnen einer Woche seit der Zuweisung des Ersatzraums Einwendungen beim Mieteinigungsamt nicht erhoben hat oder daß die Einwendungen vom Mieteinigungsamt, das hierüber endgültig entscheidet, für unbegründet erklärt worden sind. Hat der Mieter gegenüber der Gemeindebehörde auf die Zuweisung eines Ersatzraums verzichtet, so genügt eine Bescheinigung der Gemeindebehörde über den Verzicht Ist die Vollstreckung nach § 4 von der Hinterlegung eines Geldbetrags abhängig gemacht, so muß in gleicher Weise nachgewiesen sein, daß die Hinterlegung erfolgt und daß dem Mieter eine beglaubigte Abschrift der Hinterlegungserklärung zugestellt ist.

Die Anordnung des Vorsitzenden ist in der Vollstreckungsklausel zu erwähnen.

Die Vollstreckung darf erst beginnen, wenn die vollstreckbare Ausfertigung mindestens drei Tage vorher zugestellt ist. Auf Antrag des Mieters kann der Vorsitzende eine längere Frist bestimmen.

Die vorstehenden Vorschriften finden keine Anwendung, wenn die Beschränkung der Zwangsvollstreckung nach § 6 Abs. 4 aufgehoben ist.

§ 17. Der Vermieter, der mit der Aufhebungsklage abgewiesen ist, kann das Recht, die Aufhebung zu verlangen, nicht mehr auf Tatsachen gründen, die er in einem früheren Rechtsstreit geltend gemacht hat oder geltend machen konnte. Tatsachen, auf die aus diesem Grunde oder wegen § 2 Abs. 3 eine Aufhebungsklage nicht mehr begründet werden kann, dürfen zur Unterstützung einer auf andere Tatsachen gegründeten Aufhebungsklage geltend gemacht werden.

§ 18. Im Wege der einstweiligen Verfügung darf die Herausgabe eines Mietraums nicht angeordnet werden.

c. Besondere Mietverhältnisse.

Sonstige Vorschriften.

§ 19. Das beim Tode des Mieters dem Vermieter wie

dem Erben nach § 569 des Bürgerlichen Gesetzbuchs[1]) zustehende Kündigungsrecht wird durch dieses Gesetz nicht berührt; entgegenstehende Bestimmungen des Mietvertrags kommen nicht in Betracht. Der Vermieter kann jedoch nicht kündigen, wenn der Erbe der Ehegatte des Mieters oder ein volljähriger Verwandter bis zum zweiten Grade ist und beim Tode des Mieters zu dessen Hausstand gehört hat.

Kündigt der Vermieter oder der Erbe nach der im Abs. 1 bezeichneten Vorschrift, so treten Familienangehörige des Mieters, bei denen die im Abs. 1 Satz 2 bezeichneten Voraussetzungen vorliegen, in die Rechte und Pflichten des Mieters ein. Gibt ein Angehöriger unverzüglich, nachdem er von der Kündigung Kenntnis erlangt hat, dem Vermieter gegenüber die Erklärung ab, daß er das Mietverhältnis nicht fortsetzen wolle, so gilt hinsichtlich dieses Angehörigen der Eintritt als nicht erfolgt.

Ist der Erbe nicht ein Familienangehöriger des Mieters, so kann er von Familienangehörigen, die beim Tode des Mieters zu dessen Hausstand gehört haben, die Herausgabe des Mietraums nur nach den für die Aufhebung eines Mietverhältnisses geltenden Vorschriften verlangen. Die für die weitere Überlassung des Raumes zu entrichtende Vergütung wird auf Antrag eines Vertragsteils von dem Mieteinigungsamte festgesetzt.

Auf Mietverhältnisse, die sich lediglich auf Geschäftsräume beziehen, finden die Vorschriften des Abs. 1 Satz 2

---

[1]) „Stirbt der Mieter, so ist sowohl der Erbe als der Vermieter berechtigt, das Mietverhältnis unter Einhaltung der gesetzlichen Frist zu kündigen. Die Kündigung kann nur für den ersten Termin erfolgen, für den sie zulässig ist."

sowie der Abs. 2, 3 keine Anwendung. Abs. 1 Satz 1 gilt mit der Maßgabe, daß der Vermieter nicht kündigen kann, wenn der Erbe das Geschäft fortführt.

§ 20. Ist der Raum nur mit Rücksicht auf ein zwischen den Vertragsteilen bestehendes Dienst- oder Arbeitsverhältnis vermietet, so gelten die §§ 1 bis 19 auch über die Dauer des Dienst- oder Arbeitsverhältnisses hinaus. Dies gilt nicht, wenn der Mieter durch sein Verhalten dem Vermieter gesetzlich begründeten Anlaß zur Auflösung des Dienst- oder Arbeitsverhältnisses gegeben hatte oder wenn der Mieter das Verhältnis aufgelöst hat, ohne daß ihm vom Vermieter ein solcher Anlaß gegeben war. Ist streitig, ob ein begründeter Anlaß zur Auflösung des Dienst- oder Arbeitsverhältnisses vorlag und ist für die Entscheidung die Zuständigkeit einer anderen Stelle begründet, so ist die Verhandlung bis zur endgültigen Erledigung des Streites auszusetzen. Die Entscheidung der anderen Stelle ist für das Gericht bindend, das über den Mietstreit entscheidet.

Gewerkschaftliche Betätigung, insbesondere eine Beteiligung an Gesamtstreitigkeiten über Lohn- oder Arbeitsbedingungen, rechtfertigen die Aufhebung des Mietverhältnisses nicht.

§ 21. Ist ein Raum nur mit Rücksicht auf ein zwischen den Vertragsteilen bestehendes Dienst- oder Arbeitsverhältnis überlassen und stellt die Überlassung einen Teil der für die Leistung der Dienste zu gewährenden Vergütung dar, so finden die Vorschriften des § 20 nach der Auflösung des Dienst- oder Arbeitsverhältnisses entsprechende Anwendung. Der für die weitere Überlassung des Raumes zu entrichtende Mietzins wird auf Antrag eines Vertragsteils von dem Mieteinigungsamte festgesetzt.

§ 22. Gelten in den Fällen der §§ 20, 21 die §§ 1 bis 19 auch nach der Beendigung des Dienst- oder Arbeitsverhältnisses, so genügt es an Stelle des im § 4 bezeichneten Aufhebungsgrundes, daß der Vermieter den Mietraum aus besonderen Gründen, insbesondere für den Nachfolger des Mieters in dem Dienst- oder Arbeitsverhältnis dringend braucht. Der Vermieter wie der Mieter kann verlangen, daß die Zwangsvollstreckung statt von der im § 6 bezeichneten Sicherung eines Ersatzraums davon abhängig gemacht wird, daß der Vermieter an den Mieter einen angemessenen Geldbetrag zahlt; § 6 Abs. 2 Satz 2, 3, § 14, § 16 gelten entsprechend.

§ 23. Sind Räume in Gebäuden, die von dem Inhaber eines Betriebs zur Unterbringung von Angehörigen des Betriebs errichtet sind, an einen Betriebsfremden überlassen, so kann der Vermieter die Aufhebung des Mietverhältnisses verlangen, wenn er den Raum für einen Angehörigen des Betriebs dringend braucht. § 22 findet mit der Maßgabe entsprechende Anwendung, daß der Geldbetrag nur zuzuerkennen ist, wenn die Versagung eine unbillige Härte darstellen würde.

§ 24. Die Vorschriften der §§ 1 bis 19 finden auch auf Untermietverhältnisse Anwendung. An Stelle des im § 4 bezeichneten Aufhebungsgrundes genügt es jedoch, daß der Untervermieter ein begründetes Interesse an der Erlangung des Raumes hat, insbesondere wenn er diesen für sich selbst oder wenn er einen Teil des Raumes zur Herstellung selbständigen Wohnraums braucht; an Stelle des § 6 Abs. 1 findet § 6 Abs. 2 Anwendung. Diese Einschränkung gilt nicht, wenn der Untermieter in dem Mietraum eine eigene Wirtschaft oder Haushaltung führt oder fortsetzt.

Einem Untermietverhältnis steht es gleich, wenn ein Hauseigentümer oder jemand, der einen Raum auf Grund eines Erbbaurechts, Nießbrauchs oder eines ähnlichen Rechtsverhältnisses inne hat, einen Teil des von ihm selbst im Hause benutzten Raumes vermietet.

§ 25. Ist ein Raum für besondere Zwecke zu vorübergehendem Gebrauche vermietet oder untervermietet, so finden, unbeschadet des § 27, die §§ 1 bis 19 keine Anwendung.

§ 26. Das dem Vermieter nach § 19 der Konkursordnung[1]) zustehende Kündigungsrecht wird durch dieses Gesetz nicht berührt.

§ 27. Die für die Aufhebungsklage geltenden Vorschriften über die Zuziehung von Beisitzern finden auch in einem Rechtsstreit Anwendung, der die Herausgabe eines Mietraums zum Gegenstande hat, ohne daß eine Aufhebung des Mietverhältnisses im Sinne dieses Gesetzes verlangt wird. Die Zwangsvollstreckung kann von der Sicherung eines ausreichenden Ersatzraums abhängig gemacht werden, wenn dies zur Vermeidung unbilliger Härten erforderlich erscheint; § 6 Abs. 2 bis 4, § 16 mit Ausnahme von Abs. 1 Satz 3 finden Anwendung. Im übrigen bestimmt sich das Verfahren nach den §§ 7 bis 12, § 13 Abs. 2, Abs. 3 Satz 2, §§ 14, 15, 18.

Die Vorschriften des Abs. 1 gelten auch, soweit der

---

[1]) „War dem Gemeinschuldner ein von ihm gemieteter . . . Gegenstand vor der Eröffnung des Verfahrens überlassen, so kann . . . (der Vermieter) das Mietverhältnis kündigen. Die Kündigungsfrist ist, falls nicht eine kürzere Frist bedungen war, die gesetzliche . . .“

Vermieter oder der Erbe des Mieters von dessen Familienangehörigen die Herausgabe eines Raumes verlangen kann (§ 19). Für Räume, die nur mit Rücksicht auf ein bestehendes Dienst- oder Arbeitsverhältnis vermietet oder überlassen sind, findet Abs. 1 Satz 1, 3 Anwendung.

Die Vorschriften des § 16 gelten auch, wenn in einem gerichtlichen Vergleiche die Aufhebung eines Mietverhältnisses oder in den Fällen der Abs. 1, 2 die Herausgabe eines Raumes mit der Bestimmung vereinbart ist, daß die Zwangsvollstreckung aus dem Vergleiche von der Sicherung eines Ersatzraums für den Mieter abhängig sein soll. Enthält der Vergleich eine solche Bestimmung nicht, so gilt sie, falls die Klage lediglich auf § 4 gestützt war, als dahin vereinbart, daß ein ausreichender Ersatzraum gesichert sein soll.

§ 28. Auf eine Verpflichtung des Mieters, eine ihm nach § 538 Abs. 2 des Bürgerlichen Gesetzbuchs[1]) gegenüber dem Vermieter zustehende Ersatzforderung nicht gegen eine Mietzinsforderung aufzurechnen, kann sich der Vermieter nicht berufen. Hat jedoch der Mieter die gesetzliche Miete zu zahlen, so kann er eine solche Forderung nur aufrechnen, soweit die im § 6 Abs. 2 des Reichsmietengesetzes[2]) bezeichnete Stelle vor der Vornahme der Arbeit die Vornahme einer laufenden Instandsetzungsarbeit (§ 5 jenes Gesetzes) für erforderlich erklärt hat.

§ 29. Die Erlaubnis des Vermieters, den Gebrauch des Wohnraums einem Dritten zu überlassen, insbeson-

[1]) „Im Falle des Verzugs des Vermieters kann der Mieter den Mangel selbst beseitigen und Ersatz der erforderlichen Aufwendungen verlangen."

[2]) Oben zu A und C Nr. XXI.

dere ihn unterzuvermieten (§ 549 Abs. 1 des Bürgerlichen Gesetzbuchs), wird durch die Erlaubnis des Mieteinigungsamts ersetzt. Das Mieteinigungsamt soll die Erlaubnis versagen, wenn der Vermieter sie aus einem wichtigen Grunde verweigert hat.

§ 30. Ist in Fällen, in denen die gesetzliche Miete zu zahlen ist, der Mietzins nach einem längeren Zeitabschnitt als einem Vierteljahre bemessen, so kann der Vermieter verlangen, daß der Mieter den Mietzins in vierteljährigen Zeitabschnitten entrichtet.

Die oberste Landesbehörde kann anordnen, daß in Fällen, in denen die gesetzliche Miete gilt, der Vermieter wie der Mieter berechtigt ist, zu verlangen, daß der Mietzins in Monatsabschnitten gezahlt wird.

§ 31. Bestehen in einer Gemeinde Anordnungen, nach denen der Abschluß von Mietverträgen über Gebäude oder Gebäudeteile anzuzeigen oder zur Genehmigung mitzuteilen ist, so können aus einem dieser Anordnung zuwider nicht angezeigten oder nicht genehmigten Mietvertrage Rechte weder einem Vertragsteil noch einem Dritten noch einer Behörde gegenüber geltend gemacht werden; insbesondere finden die Vorschriften über die Aufhebung des Mietverhältnisses sowie die Vorschriften des § 27 keine Anwendung.

Ist die Anzeige erstattet oder die Genehmigung erteilt, so kann der Mieter die Herausgabe des Mietraums von demjenigen verlangen, der den Raum ohne Abschluß eines Vertrags oder auf Grund eines nicht angezeigten oder nicht genehmigten Mietvertrags inne hat.

§ 32. Hat das Reich oder ein Land Gebäude oder Gebäudeteile vermietet oder zum Gebrauch überlassen, die in seinem Eigentum oder in seiner Verwaltung stehen und entweder öffentlichen Zwecken oder zur Unterbringung von Angehörigen der Verwaltung des Reichs oder des Landes zu dienen bestimmt sind, so finden die §§ 1 bis 31 keine Anwendung.

Die Zwangsvollstreckung aus einem Urteil, welches die Herausgabe eines vermieteten oder überlassenen Raumes zum Gegenstande hat, ist durch Ausspruch in der Urteilsformel davon abhängig zu machen, daß ein ausreichender Ersatzraum gesichert ist. Über Einwendungen gegen den Ersatzraum entscheidet die Behörde, welche der über den Raum verfügungsberechtigten Behörde vorgesetzt ist. Der Mieter oder derjenige, dem der Gebrauch überlassen ist, kann vom Reiche oder vom Lande den Ersatz der erforderlichen Umzugskosten verlangen, es sei denn, daß ihm bereits nach den Dienstvorschriften angemessene Umzugskosten zustehen. Über die Ersatzpflicht ist auf Antrag des Berechtigten in der Urteilsformel Bestimmung zu treffen.

Abs. 2 gilt nicht, wenn Tatsachen vorliegen, welche die Aufhebung des Mietverhältnisses nach den §§ 2, 3 rechtfertigen würden oder wenn der Raum für besondere Zwecke zu vorübergehendem Gebrauch überlassen ist.

Die Vorschriften der Abs. 1 bis 3 sowie des § 23 finden auf Gemeinden, Körperschaften des öffentlichen Rechtes, gemeinnützige Anstalten und Stiftungen sowie auf gemeinnützige, nicht auf Erwerb gerichtete Organisationen, soweit sie die Räume für eigene Zwecke dringend benötigen, entsprechende Anwendung.

§ 33. Die Vorschriften der §§ 1 bis 31 finden ferner keine Anwendung auf Neubauten oder durch Um- oder Einbauten neugeschaffene Räume, wenn sie nach dem 1. Juli 1918 bezugsfertig geworden sind oder künftig bezugsfertig werden. Das gleiche gilt für Räume solcher

Gesellschaften und Genossenschaften, deren Zweck ausschließlich darauf gerichtet ist, minderbemittelten Familien oder Personen gesunde und zweckmäßig eingerichtete Wohnungen in eigens erbauten oder angekauften Häusern zu billigen Preisen zu verschaffen und bei denen die unter Ziffer 1 des Abschnitts „Befreiungen" der Nr. 1 des Tarifs zum Reichsstempelgesetze vom 3. Juli 1913 (Reichsgesetzbl. S. 639) in der Fassung des Gesetzes zur Änderung des Reichsstempelgesetzes vom 26. Juli 1918 (Reichsgesetzbl. S. 799)[1]) aufgeführten Voraussetzungen vorliegen; soweit derartige Gesellschaften und Genossenschaften einem Revisionsverbande nicht angehören, entscheidet die oberste Landesbehörde, ob die Voraussetzungen zutreffen.

Auf Neubauten, die mit Zuschüssen aus den für die Wiederherstellung der während des Krieges zerstörten Gebiete bereitgestellten Mitteln errichtet sind, finden die Vorschriften dieses Gesetzes Anwendung.

§ 34. Die oberste Landesbehörde kann mit Zustimmung des Reichsarbeitsministers für bestimmte Gemeinden, insbesondere Grenzgemeinden, anordnen, daß die §§ 1 bis 31 oder ein Teil dieser Vorschriften keine Anwendung finden, wenn der Mieter im Ausland eine seine Arbeitskraft ganz oder überwiegend in Anspruch nehmende Beschäftigung ausübt, ohne zu einem deutschen Arbeitgeber in einem Dienst- oder Arbeitsverhältnis zu stehen. Die Anordnung kann auf einzelne Gruppen von Mietern beschränkt werden.

§ 35. Hatte der Mieter am 1. Januar 1914 seinen Wohnsitz nicht im Inland, so genügt es an Stelle des im § 4 bezeichneten Aufhebungsgrundes, daß der Ver-

[1]) Oben Anm. 1 S. 16 bei § 16 RMG.

mieter ein begründetes Interesse an der Erlangung des Mietraums hat; die Vorschriften über den Ersatz von Umzugskosten und die Sicherung eines Ersatzraums finden keine Anwendung.

Abs. 1 gilt nicht, wenn die dort bezeichneten Voraussetzungen auch auf seiten des Vermieters vorliegen oder wenn der Mieter zu den im § 9c der Bekanntmachung über Maßnahmen gegen Wohnungsmangel vom 23. September 1918 (Reichsgesetzbl. S. 1143) in der Fassung des Gesetzes über Maßnahmen gegen Wohnungsmangel vom 11. Mai 1920 (Reichsgesetzbl. S. 949) [1]) bezeichneten Personen gehört.

§ 36. Ist die Zwangsvollstreckung aus einem Urteil nach den §§ 6, 27 von der Sicherung eines Ersatzraums abhängig, so hat die Gemeindebehörde dem zur Herausgabe Verpflichteten einen entsprechenden Ersatzraum beschleunigt zuzuweisen, es sei denn, daß der Verpflichtete gegenüber der Gemeindebehörde auf die Zuweisung eines Ersatzraums verzichtet hat. Dies gilt auch im Falle eines gerichtlichen Vergleichs, wenn das Gericht die beschleunigte Zuweisung eines Ersatzraums angeordnet hat; eine Anfechtung der Entscheidung findet nicht statt. Die Gemeindebehörde hat den bisherigen Vermieter von dem Zeitpunkt der Zuweisung zu benachrichtigen.

Ein Ersatzraum ist auch beschleunigt zuzuweisen, wenn der Mieter in den Fällen der §§ 22, 23 den Mietraum gegen Zahlung eines Geldbetrags hat herausgeben müssen.

Wer gemäß Abs. 1, 2 zur Herausgabe eines Raumes

[1]) Hier ist § 9c in dieser alten Fassung gemeint, nicht in der jetzigen des § 14 Wohnungsmangelgesetzes; so ausdrücklich dessen § 18, oben zu F. Dort bei dessen § 8 (S. 71) ist der Wortlaut des alten § 9c abgedruckt.

verpflichtet ist, darf von der Gemeindebehörde nicht in den gleichen Raum wieder eingewiesen werden.

2. Abschnitt.

Mieteinigungsämter.

§ 37. Die in diesem Gesetze, dem Reichsmietengesetz und in der Bekanntmachung über Maßnahmen gegen Wohnungsmangel vom 23. September 1918 (Reichsgesetzbl. S. 1143) in der Fassung des Gesetzes über Maßnahmen gegen Wohnungsmangel vom 11. Mai 1920 (Reichsgesetzbl. S. 949) und des Gesetzes über Verlängerung der Geltungsdauer des Gesetzes über Maßnahmen gegen Wohnungsmangel vom 11. Juli 1921 (Reichsgesetzbl. S. 933) [1]) den Mieteinigungsämtern übertragenen Aufgaben sind durch Mieteinigungsämter wahrzunehmen, die dem § 38 entsprechen.

Die oberste Landesbehörde kann Gemeinden, Gemeindeverbände und weitere Kommunalverbände zur Errichtung von Mieteinigungsämtern anhalten. Sie kann die Aufgaben einer anderen Stelle übertragen, wenn deren Zusammensetzung dem § 38 entspricht, insbesondere auch einem mit Beisitzern besetzten Gerichte; soweit die Übertragung an ein Gericht erfolgt, kann auch bestimmt werden, daß die Feststellung der Sicherung eines Ersatzraums (§§ 6, 16) schon im Verfahren über die Aufhebung des Mietverhältnisses getroffen werden kann. Für das Verfahren bleiben die für das Mieteinigungsamt geltenden Vorschriften maßgebend.

§ 38. Das Mieteinigungsamt besteht aus einem Vor-

[1] Jetzt Wohnungsmangelgesetz, oben zu F.

sitzenden und mehreren Beisitzern. Für jedes Mitglied ist mindestens ein Stellvertreter zu bestellen.

Der Vorsitzende muß zum Richteramte befähigt sein oder die Prüfung zum höheren Verwaltungsdienst abgelegt haben. Während seiner Amtszeit, die mindestens ein Jahr betragen soll, darf er gegen seinen Willen nur nach den für die Entlassung eines nicht richterlichen Beamten geltenden Vorschriften aus dem Amte entfernt werden, es sei denn, daß er vorher aus der Gemeindeverwaltung ausscheidet.

Auf die Beisitzer finden die Vorschriften des § 7 Abs. 2 bis 6 entsprechende Anwendung. Die Vorschriften des § 7 Abs. 3 Satz 1, 4 bis 6, Abs. 4 bis 6 gelten entsprechend auch für den Vorsitzenden.

In bezug auf die Beratung und Abstimmung sowie auf die Ausschließung und Ablehnung des Vorsitzenden und der Beisitzer gilt § 8 Abs. 3 mit der Maßgabe, daß an Stelle des Landgerichts die Beschwerdestelle (§ 42) tritt.

Das Nähere über die Besetzung des Mieteinigungsamts regelt die oberste Landesbehörde.

§ 39. Das Mieteinigungsamt entscheidet in der Besetzung von einem Vorsitzenden und mindestens zwei Beisitzern. Die Beisitzer müssen zur Hälfte Vermieter, zur Hälfte Mieter sein; ihre Zahl bestimmt die oberste Landesbehörde.

Die oberste Landesbehörde kann zulassen, daß der Vorsitzende oder die Beisitzer (Abs. 1 Satz 2) oder, wenn die Aufgaben des Mieteinigungsamts einem Gericht übertragen sind, der Gerichtsschreiber Vorverhandlungen abhalten, insbesondere einen Augenschein einnehmen, und daß, falls nicht ein Vergleich zustande kommt, der Vorsitzende eine Entscheidung trifft, wenn sie sofort erfolgen kann und die Beteiligten es beantragen.

Gegen die Entscheidungen des Vorsitzenden kann innerhalb der Notfrist von einer Woche das Mieteinigungsamt angerufen werden.

§ 40. Die Beteiligten sind zu einem Termine, der nicht in ihrer Anwesenheit anberaumt ist, schriftlich zu laden; § 10 gilt entsprechend. Die Ladungsfrist beträgt drei Tage; eine Abkürzung der Frist ist zulässig. Das Mieteinigungsamt muß in der Lage sein, festzustellen, daß die Ladungsschrift den Beteiligten rechtzeitig zugegangen ist.

Sind die Beteiligten ordnungsgemäß geladen und ist die Sache zu einer Entscheidung reif, so kann das Mieteinigungsamt auch in Abwesenheit eines Beteiligten entscheiden. Wird die Verhandlung vertagt, so hat der säumige Teil die den anderen Beteiligten durch das Ausbleiben verursachten notwendigen Kosten zu ersetzen. Erscheint der Säumige auch in dem zweiten Termine nicht, so darf eine weitere Vertagung nur mit Zustimmung der anderen Beteiligten stattfinden.

Die Entscheidung (§ 39) erfolgt im Rahmen der im § 37 bezeichneten Vorschriften und der dazu erlassenen Anordnungen nach billigem Ermessen. Sie darf nur erlassen werden, wenn den Beteiligten Gelegenheit gegeben worden ist, sich zur Sache und über das Ergebnis einer Beweisaufnahme zu äußern und der Erhebung der Beweise beizuwohnen.

Die Entscheidung ist schriftlich zu begründen. Sind die Beteiligten im Termin anwesend, so kann die Begründung mündlich erfolgen; jeder Beteiligte kann jedoch innerhalb der Notfrist (§ 39 Abs. 3, § 41 Abs. 1) die schriftliche Mitteilung der Gründe beantragen. Die Beteiligten sind auf die zulässigen Rechtsbehelfe hinzuweisen; § 14 Abs. 2 gilt entsprechend.

Vor der Entscheidung kann eine einstweilige Anordnung erlassen werden.

Die §§ 319[1]), 321[2]) der Zivilprozeßordnung gelten entsprechend. Ist die Entscheidung vom Vorsitzenden erlassen, so erfolgt die Berichtigung oder die Ergänzung durch das Mieteinigungsamt.

§ 41. Gegen die Entscheidung des Mieteinigungsamts findet innerhalb der Notfrist von zwei Wochen die Rechtsbeschwerde statt. § 16 Abs. 1 Satz 2 bleibt unberührt.

Die Rechtsbeschwerde kann nur darauf gestützt werden,

[1]) „Schreibfehler, Rechenfehler und ähnliche offenbare Unrichtigkeiten, welche in dem Urteile vorkommen, sind jederzeit von dem Gerichte auch von Amts wegen zu berichtigen.

Über die Berichtigung kann ohne vorgängige mündliche Verhandlung entschieden werden. Der Beschluß, welcher eine Berichtigung ausspricht, wird auf dem Urteil und den Ausfertigungen bemerkt.

Gegen den Beschluß, durch welchen der Antrag auf Berichtigung zurückgewiesen wird, findet kein Rechtsmittel; gegen den Beschluß, welcher eine Berichtigung ausspricht, findet sofortige Beschwerde statt."

[2]) „Wenn ein nach dem ursprünglich festgestellten oder nachträglich berichtigten Tatbestande von einer Partei geltend gemachter Haupt- oder Nebenanspruch, oder wenn der Kostenpunkt bei der Endentscheidung ganz oder teilweise übergangen ist, so ist auf Antrag das Urteil durch nachträgliche Entscheidung zu ergänzen.

Die nachträgliche Entscheidung muß binnen einer einwöchigen Frist, welche mit der Zustellung des Urteils beginnt, durch Zustellung eines Schriftsatzes beantragt werden.

Der Schriftsatz muß den Antrag auf Ergänzung und die Ladung des Gegners zur mündlichen Verhandlung enthalten.

Die mündliche Verhandlung hat nur den nicht erledigten Teil des Rechtsstreits zum Gegenstande."

daß die Entscheidung auf einer Verletzung des Gesetzes beruhe. Dies ist stets anzunehmen, wenn § 40 Abs. 3 Satz 2 nicht beachtet ist; das gleiche gilt, wenn die Voraussetzungen vorliegen, unter denen nach § 551 Nr. 1 bis 5 der Zivilprozeßordnung[1]) eine gerichtliche Entscheidung als auf einer Verletzung des Gesetzes beruhend anzusehen ist. Ebenso liegt eine Gesetzesverletzung vor, wenn § 5a der Bekanntmachung über Maßnahmen gegen Wohnungsmangel vom 23. September 1918 (Reichsgesetzbl. S. 1143) in der Fassung des Gesetzes über Maßnahmen gegen Wohnungsmangel vom 11. Mai 1920 (Reichsgesetzbl. S. 949)[2]) unbeachtet geblieben ist; die endgültige Entscheidung hierüber hat bei Gebäuden, die zur Verfügung des Reichs stehen, die Reichsregierung, im übrigen die Landesregierung. Die §§ 550[3]), 563[4]) der Zivilprozeßordnung fin-

---

[1]) „1. wenn das erkennende Gericht nicht vorschriftsmäßig besetzt war;
2. wenn bei der Entscheidung ein Richter mitgewirkt hat, welcher von der Ausübung des Richteramts kraft Gesetzes ausgeschlossen war, sofern nicht dieses Hindernis mittels eines Ablehnungsgesuchs ohne Erfolg geltend gemacht ist;
3. wenn bei der Entscheidung ein Richter mitgewirkt hat, obgleich derselbe wegen Besorgnis der Befangenheit abgelehnt und das Ablehnungsgesuch für begründet erklärt war;
4. wenn das Gericht seine Zuständigkeit oder Unzuständigkeit mit Unrecht angenommen hat;
5. wenn eine Partei in dem Verfahren nicht nach Vorschrift der Gesetze vertreten war, sofern sie nicht die Prozeßführung ausdrücklich oder stillschweigend genehmigt hat."

[2]) Jetzt § 7 Wohnungsmangelgesetzes, oben zu F.

[3]) „Das Gesetz ist verletzt, wenn eine Rechtsnorm nicht oder nicht richtig angewendet worden ist."

[4]) „Ergeben die Entscheidungsgründe zwar eine Gesetzesverletzung, stellt die Entscheidung selbst aber aus anderen Gründen sich als richtig dar, so ist die Revision zurückzuweisen."

den Anwendung. Die Entscheidung über die Kosten (§ 46) kann nur zugleich mit der Entscheidung in der Hauptsache angefochten werden.

Die Beschwerdestelle ist befugt, in Fällen, in denen es ihr notwendig erscheint, von Amts wegen die Nachprüfung oder Vornahme einzelner tatsächlicher Feststellungen anzuordnen.

Der Gegner des Beschwerdeführers kann sich der Rechtsbeschwerde anschließen. Die §§ 521 Abs. 1[1]), 522[2]) der Zivilprozeßordnung gelten entsprechend.

§ 42. Erachtet das Mieteinigungsamt die Rechtsbeschwerde für begründet, so hat es ihr abzuhelfen; andernfalls ist die Beschwerde der Beschwerdestelle vorzulegen.

Die Beschwerdestelle entscheidet in einer Besetzung von mindestens drei Mitgliedern; der Vorsitzende und mindestens ein Beisitzer müssen zum Richteramte befähigt sein oder die Prüfung zum höheren Verwaltungsdienst abgelegt haben. Werden Hausbesitzer und Mieter bestellt, so dürfen sie nur in gleicher Zahl herangezogen werden. Die Mitglieder der Beschwerdestelle dürfen nicht Mitglieder eines Mieteinigungsamts sein; § 7 Abs. 5 gilt entsprechend.

Das Nähere über die Besetzung der Beschwerdestelle bestimmt die oberste Landesbehörde. Sie kann die Aufgaben der Beschwerdestelle einer Verwaltungsbehörde, dem Landgericht oder einem höheren Gericht übertragen.

---

[1]) „Der Berufungsbeklagte kann sich der Berufung anschließen, selbst wenn er auf die Berufung verzichtet hat oder wenn die Berufungsfrist verstrichen ist."

[2]) „Die Anschließung verliert ihre Wirkung, wenn die Berufung zurückgenommen oder als unzulässig verworfen wird.

Hat der Berufungsbeklagte innerhalb der Berufungsfrist sich der erhobenen Berufung angeschlossen, so wird es so angesehen, als habe er die Berufung selbständig eingelegt."

§ 43. Die Beschwerdestelle kann in der Sache selbst entscheiden oder sie zur nochmaligen Verhandlung und Entscheidung an das Mieteinigungsamt zurückverweisen. Die Zurückverweisung kann an eine andere Abteilung des Mieteinigungsamts erfolgen. Das Mieteinigungsamt, an das die Sache zurückverwiesen wird, hat die rechtliche Beurteilung, die der Aufhebung der Entscheidung zugrunde liegt, auch seiner Entscheidung zugrunde zu legen.

Eine Entscheidung, die der Beschwerde unterliegt, wird erst endgültig, wenn die Beschwerdefrist abgelaufen ist, ohne daß eine Beschwerde eingelegt worden ist, oder wenn die Beschwerde nach Ablauf der Beschwerdefrist zurückgenommen oder von der Beschwerdestelle zurückgewiesen wird.

§ 44. Wer mit einem Antrag endgültig abgewiesen ist, kann den gleichen Antrag nicht mehr auf Tatsachen gründen, die er in einem früheren Verfahren geltend gemacht hat oder geltend machen konnte. Tatsachen, auf die der Antrag nicht mehr gegründet werden kann, dürfen zur Unterstützung eines auf andere Tatsachen gegründeten Antrags geltend gemacht werden.

§ 45. Aus Vergleichen, die vor dem Mieteinigungsamte, dem Vorsitzenden des Mieteinigungsamts oder der Beschwerdestelle zwischen dem Vermieter, dem Mieter oder einem Dritten abgeschlossen sind, findet die gerichtliche Zwangsvollstreckung statt.

Die oberste Landesbehörde kann bestimmen, daß auch aus Vergleichen, die in einem vor Beisitzern oder vor dem Gerichtsschreiber stattfindenden Verfahren (§ 39 Abs. 2) abgeschlossen sind, die gerichtliche Zwangsvollstreckung stattfindet.

§ 46. Für das Verfahren vor dem Mieteinigungsamt

und der Beschwerdestelle werden Gebühren erhoben. Die Höhe der Gebühren bestimmt die oberste Landesbehörde. Der Gesamtbetrag der Gebühren darf das Dreifache, im Verfahren vor der Beschwerdestelle das Fünffache der vollen Gebühr des § 8[1]) des Gerichtskostengesetzes nicht übersteigen; der Berechnung darf kein höherer Wert zugrunde gelegt werden als der Jahresbetrag der gesetzlichen Miete (§ 1 des Reichsmietengesetzes)[2]).

Neben den Gebühren kann die Erstattung der in dem Verfahren entstandenen baren Auslagen verlangt werden.

Die Kosten (Abs. 1, 2) hat der unterliegende Teil zu tragen. Die §§ 92[3]), 93[4]), 97[5]) der Zivilprozeßordnung gelten

[1]) Jetzige Fassung unten zu Q.

[2]) Oben zu A.

[3]) „Wenn jede Partei teils obsiegt, teils unterliegt, so sind die Kosten gegeneinander aufzuheben oder verhältnismäßig zu teilen. Sind die Kosten gegeneinander aufgehoben, so fallen die Gerichtskosten jeder Partei zur Hälfte zur Last.
Das Gericht kann der einen Partei die gesamten Prozeßkosten auferlegen, wenn die Zuvielforderung der anderen Partei eine verhältnismäßig geringfügige war und keine besonderen Kosten veranlaßt hat, oder wenn der Betrag der Forderung der anderen Partei von der Festsetzung durch richterliches Ermessen, von der Ausmittelung durch Sachverständige oder von einer gegenseitigen Berechnung abhängig war."

[4]) „Hat der Beklagte nicht durch sein Verhalten zur Erhebung der Klage Veranlassung gegeben, so fallen dem Kläger die Prozeßkosten zur Last, wenn der Beklagte den Anspruch sofort anerkennt."

[5]) „Die Kosten eines ohne Erfolg eingelegten Rechtsmittels fallen der Partei zur Last, welches dasselbe eingelegt hat.
Die Kosten der Berufungsinstanz können der obsiegenden Partei ganz oder teilweise auferlegt werden, wenn sie auf Grund eines neuen Vorbringens obsiegt, welches sie nach freiem Ermessen des Gerichts in erster Instanz geltend zu machen imstande war."

entsprechend. Kosten, die hiernach einer Gemeinde, einem Gemeindeverband oder einem weiteren Kommunalverbande zur Last fallen würden, bleiben außer Ansatz. Das Mieteinigungsamt kann die Kosten dem obsiegenden Teile auferlegen, soweit dies nach Lage der Sache, insbesondere nach den Vermögens- und Erwerbsverhältnissen der Beteiligten, der Billigkeit entspricht.

Von der Verpflichtung zur Kostentragung ist befreit, wer ohne Beeinträchtigung des für ihn und seine Familie notwendigen Unterhalts hierzu außerstande ist, es sei denn, daß die beabsichtigte Rechtsverfolgung oder Rechtsverteidigung mutwillig oder aussichtslos erscheint. Bessern sich die Verhältnisse des Kostenschuldners, so ist er zur Nachzahlung verpflichtet.

Die Körperschaften des öffentlichen Rechtes sowie gemeinnützige Anstalten und Stiftungen genießen Gebühren- und Stempelfreiheit und sind von der Erstattung von Auslagen (Abs. 2) befreit.

§ 47. Im übrigen wird das Verfahren vor dem Mieteinigungsamt und der Beschwerdestelle von der Reichsregierung mit Zustimmung des Reichsrats geregelt[1]).

3. Abschnitt.

Schluß- und Übergangsvorschriften.

§ 48. Die oberste Landesbehörde kann die ihr nach diesem Gesetze zustehenden Befugnisse einer anderen Behörde übertragen. Sie kann die Übertragung widerrufen und die Behörde zur Aufhebung einer auf Grund der Befugnis getroffenen Anordnung oder Maßnahme an-

[1]) Unten zu I..

halten, auch eine solche Anordnung oder Maßnahme selbst aufheben.

§ 49. Auf die nach diesem Gesetze den Beteiligten zustehenden Rechte kann nicht verzichtet werden. Eine Vereinbarung, nach der einem Beteiligten bei Ausübung der Rechte besondere Nachteile erwachsen sollen, ist unwirksam.

Die Vorschriften dieses Gesetzes finden auch auf Verträge Anwendung, die unter Umgehung oder zum Zwecke der Umgehung des Gesetzes abgeschlossen sind.

§ 50. Dieses Gesetz tritt, unbeschadet des § 53 Abs. 2, am 1. Oktober 1923 in Kraft. Bis dahin bleiben die Bekanntmachung zum Schutze der Mieter vom 23. September 1918 (Reichsgesetzbl. S. 1140) / 22. Juni 1919 (Reichsgesetzbl. S. 591) — in der Fassung von Nr. II des Gesetzes über Maßnahmen gegen Wohnungsmangel vom 11. Mai 1920 (Reichsgesetzbl. S. 949) und des Gesetzes über Verlängerung der Geltungsdauer des Gesetzes über Maßnahmen gegen Wohnungsmangel vom 11. Juli 1921 (Reichsgesetzbl. S. 933) sowie die dazu erlassenen Anordnungen in Geltung; diese Vorschrift tritt mit der Verkündung in Kraft.

Anordnungen, die auf Grund der Bekanntmachung über Maßnahmen gegen Wohnungsmangel vom 23. September 1918 (Reichsgesetzbl. S. 1143) in der Fassung des Gesetzes über Maßnahmen gegen Wohnungsmangel vom 11. Mai 1920 (Reichsgesetzbl. S. 949) und des Gesetzes über Verlängerung der Geltungsdauer des Gesetzes über Maßnahmen gegen Wohnungsmangel vom 11. Juli 1921 (Reichsgesetzbl. S. 933) erlassen sind, treten insoweit außer Kraft, als die Vorschriften dieses Gesetzes entgegenstehen.

§ 51. Ein vor dem Inkrafttreten dieses Gesetzes anhängig gewordener Rechtsstreit, der die Herausgabe eines vermieteten oder sonst zum Gebrauch überlassenen Raumes zum Gegenstande hat, ist nach den bisherigen Vorschriften zu erledigen. Die Zwangsvollstreckung kann von der Sicherung eines ausreichenden Ersatzraums abhängig gemacht werden, wenn dies zur Vermeidung unbilliger Härten erforderlich erscheint; § 6 Abs. 2 bis 4, § 12, § 13 Abs. 2, Abs. 3 Satz 2, § 14, § 16 mit Ausnahme von Abs. 1 Satz 3 und § 36 finden entsprechende Anwendung.

Die Zwangsvollstreckung aus einem vor dem Inkrafttreten des Gesetzes erlassenen Urteil erfolgt nach den bisherigen Vorschriften. Anordnungen, nach denen die Vollstreckung von der Genehmigung des Mieteinigungsamts abhängig ist, bleiben insoweit unberührt.

Die Vorschriften des Abs. 1 Satz 2 und des Abs. 2 Satz 2 gelten nicht für die in den §§ 32, 33 bezeichneten Gebäude und Gebäudeteile.

Ist bei Inkrafttreten des Gesetzes dem Vermieter die nach den bisherigen Vorschriften erforderliche Zustimmung zur Kündigung für einen nach dem Inkrafttreten liegenden Zeitpunkt, für den sie nur vor dem Inkrafttreten erfolgen konnte, lediglich vorläufig erteilt, so kann spätestens am dritten Werktag nach dem Inkrafttreten eine Klage auf Aufhebung des Mietverhältnisses für den Zeitpunkt erhoben werden, für den die Kündigung erfolgt war. Bedarf es in einem solchen Falle zur Erlangung des Mietraums einer Aufhebungsklage nicht, so kann der Vermieter für den bezeichneten Zeitpunkt die Herausgabe des Mietraums verlangen.

§ 52. Die oberste Landesbehörde kann mit Zustimmung des Reichsarbeitsministers anordnen, daß bestimmte Gemeinden oder Gemeindeteile oder bestimmte Arten von Mieträumen von den Vorschriften des ersten Abschnitts ausgenommen werden. Das Gericht kann jedoch auch in diesen Fällen die Zwangsvollstreckung aus Urteilen oder Vergleichen, welche die Herausgabe eines Mietraums zum Gegenstande haben, von der Sicherung eines ausreichenden Ersatzraums abhängig machen, wenn dies zur Vermeidung unbilliger Härten erforderlich erscheint; § 6 Abs. 2 bis 4, §§ 9, 10, 12, § 13 Abs. 2, Abs. 3 Satz 2, § 14, § 16 mit Ausnahme von Abs. 1 Satz 3, §§ 18, 36 gelten entsprechend.

§ 53. In Ländern, in denen vor dem Inkrafttreten des Reichsmietengesetzes auf Grund der Bekanntmachung zum Schutze der Mieter eine Höchstgrenze für Mietzinssteigerungen vorgeschrieben war und im Einzelfall ein Zuschlag für unverschuldete Zubußen gewährt werden konnte, sind die obersten Landesbehörden befugt, mit Zustimmung des Reichsarbeitsministers zur Beseitigung von Härten anzuordnen, daß

a) ein bereits bewilligter Zuschlag neben der gesetzlichen Miete des Reichsmietengesetzes weiterzuzahlen ist,

b) falls ein Zuschlag vor dem Inkrafttreten noch nicht bewilligt war, auf Antrag des Vermieters ein solcher Zuschlag unter den gleichen Voraussetzungen zugebilligt werden kann, wie dies nach den früheren Vorschriften zulässig gewesen wäre, jedoch nicht für die vor dem 1. Januar 1922 liegende Zeit. Der Antrag auf Bewilligung des Zuschlags ist nur binnen zwei Monaten nach dem Erlasse der landesrechtlichen Anordnung zulässig [1]).

[1]) Hierzu ist für Preußen ergangen die

Diese Vorschrift tritt mit der Verkündung in Kraft.

Anordnung des Ministers für Volkswohlfahrt, betreffend Bewilligung von Mietzuschlägen für unverschuldete Zubußen.

Vom 29. Juni 1923 (PrGS. 304, erschienen am 14. Juli 1923).

Auf Grund des § 53 des Gesetzes über Mieterschutz und Mieteinigungsämter vom 1. Juni 1923 (RGBl. I S. 364) ordne ich hiermit mit Zustimmung des Reichsarbeitsministers an, daß

a) ein auf Grund des § 10 der außer Kraft getretenen preußischen Höchstmietenverordnung vom 9. Dezember 1919 (GesSamml. S. 192) bereits bewilligter Zuschlag neben der gesetzlichen Miete des Reichsmietengesetzes weiterzuzahlen ist;

b) ein noch nicht bewilligter Zuschlag für unverschuldete Zubußen unter den gleichen Voraussetzungen zugebilligt werden kann, wie dies nach den früheren Vorschriften zulässig gewesen wäre, wenn ein entsprechender Antrag vom Vermieter gestellt wird. Die Zubilligung darf sich jedoch nicht über die vor dem 1. Januar 1922 liegende Zeit erstrecken.

Der Antrag auf Bewilligung des Zuschlags ist nur binnen zwei Monaten nach dem Erlasse dieser Anordnung zulässig.

Berlin, den 29. Juni 1923.

Der Preußische Minister für Volkswohlfahrt.
In Vertretung: Scheidt.

Der § 10 der Höchstmietenverordnung lautete:

„Im einzelnen Falle kann dem Vermieter auf Antrag für einen fest zu bestimmenden Zeitraum durch das Einigungsamt ein über den Höchstsatz der Miete hinausgehender Zuschlag zur Miete zugebilligt werden, wenn er nachweist, daß:

a) er ohne solchen Zuschlag bei der Verwaltung des fraglichen Grundstücks unverschuldete Zubußen zu leisten haben würde, und außerdem

b) die Zubußen bei der Verwaltung nur entweder durch notwendige, im letzten Jahre ausgeführte oder im bevorstehenden Jahre auszuführende bauliche Instandsetzungsarbeiten oder durch Erhöhung der vom Grundstücke zu

Die Anordnungen der obersten Landesbehörden müssen spätestens binnen drei Monaten erlassen werden.

§ 54. Dieses Gesetz tritt am 1. Juli 1926 außer Kraft.

L.

Anordnung der Reichsregierung für das Verfahren vor dem Mieteinigungsamt und der Beschwerdestelle.

Fassung der Bek. des Reichsministers der Justiz und des Reichsarbeitsministers vom 19. September 1923 (RGBl. I 889).

In Kraft in dieser Fassung seit 1. Oktober 1923 (Art. II. VO. v. 19. 9. 23, RGBl. I 885).

Auf Grund des § 47 des Gesetzes über Mieterschutz und Mieteinigungsämter vom 1. Juni 1923 (Reichsgesetzbl. I S. 353) wird mit Zustimmung des Reichsrats folgendes verordnet:

§ 1. Der Vorsitzende des Mieteinigungsamts ist vor seinem Amtsantritte zu treuer und gewissenhafter Füh-

---

entrichtenden öffentlich-rechtlichen Abgaben verursacht sind.

Eine Verlängerung des Zeitraums, für welchen der besondere Zuschlag zur Miete zugebilligt ist, ist wegen derselben Instandsetzungsarbeiten unzulässig. Scheidet während des festgesetzten Zeitraums ein Mieter aus, so kann der auf die Mieträume entfallende Zuschlag dem nachfolgenden Mieter gegenüber anders festgesetzt werden. Die Kosten von baupolizeilichen oder sonstigen Gutachten, welche auf Grund dieser Vorschrift erforderlich werden, hat der Vermieter zu tragen."

rung seines Amtes eidlich zu verpflichten. Soweit eine Verpflichtung nach den bisherigen Vorschriften stattgefunden hat, behält es dabei sein Bewenden.

Die eidliche Verpflichtung der Beisitzer bestimmt sich nach § 51 des Gerichtsverfassungsgesetzes[1]).

§ 2. Die Mitglieder des Mieteinigungsamts sind zur Amtsverschwiegenheit verpflichtet.

§ 3. Für das Verfahren vor dem Mieteinigungsamte gelten die Vorschriften über die Gerichtssprache entsprechend.

§ 4. Der Antrag ist an das Mieteinigungsamt zu richten, in dessen Bezirk sich die Mietsache befindet. Im Falle des § 16 Abs. 1 Satz 2 des Gesetzes über Mieterschutz und Mieteinigungsämter (Mieterschutzgesetz) und in den Fällen der §§ 2, 4, 5, 6, 8 des Wohnungsmangelgesetzes vom 26. Juli 1923 (Reichsgesetzbl. I S. 754)

---

[1]) „Die Beeidigung der Schöffen erfolgt bei ihrer ersten Dienstleistung in öffentlicher Sitzung. Sie gilt für die Dauer des Geschäftsjahres.

Der Vorsitzende richtet an die zu Beeidigenden die Worte:

„Sie schwören bei Gott dem Allmächtigen und Allwissenden, die Pflichten eines Schöffen getreulich zu erfüllen und Ihre Stimmen nach bestem Wissen und Gewissen abzugeben."

Die Schöffen leisten den Eid, indem jeder einzeln die Worte spricht:

„Ich schwöre es, so wahr mir Gott helfe."

Der Schwörende soll bei der Eidesleistung die rechte Hand erheben.

Ist ein Schöffe Mitglied einer Religionsgesellschaft, welcher das Gesetz den Gebrauch gewisser Beteuerungsformeln an Stelle des Eides gestattet, so wird die Abgabe einer Erklärung unter der Beteuerungsformel dieser Religionsgesellschaft der Eidesleistung gleichgeachtet.

Über die Beeidigung wird von dem Gerichtsschreiber ein Protokoll aufgenommen."

ist der Antrag an das Mieteinigungsamt zu richten, in dessen Bezirk die Gebäude oder die Räume belegen sind.

Der Antrag an das Mieteinigungsamt ist schriftlich oder zu Protokoll des Schriftführers des Mieteinigungsamts zu stellen. Er soll unter Darlegung der Sachlage und Angabe der Beweismittel kurz begründet werden; der Antragsteller soll die ihm zugänglichen Beweisurkunden, insbesondere Vertragsurkunden und Briefe, beifügen.

§ 5. Das Mieteinigungsamt verhandelt und entscheidet in nichtöffentlicher Sitzung.

Vor der Entscheidung ist der Gegner des Antragstellers zu hören. Betrifft das Verfahren eine der in den §§ 2, 4, 5, 6, 8 des Wohnungsmangelgesetzes bezeichneten Angelegenheiten, so ist vor der Entscheidung auch der zur Verfügung über die Gebäude oder die Räume Berechtigte und in den Fällen des § 4 dieses Gesetzes auch der Wohnungsuchende zu hören.

Über Einwendungen des Mieters nach § 16 Abs. 1 Satz 2 des Mieterschutzgesetzes ist die Gemeindebehörde und, wenn der Ersatzraum von dem obsiegenden Vermieter angeboten war, auch dieser zu hören. Hat der zur Verfügung über den Ersatzraum Berechtigte gegen die Zuweisung des Mieters Beschwerde erhoben, so soll das Mieteinigungsamt, falls es zur Entscheidung über die Beschwerde berufen ist, hierüber und über die Einwendungen des Mieters tunlichst in demselben Verfahren entscheiden, dabei gegebenenfalls auch den neuen Mietvertrag festsetzen.

§ 6. Der Antrag und die sonstigen Erklärungen eines Beteiligten sind den übrigen Beteiligten vom Amts wegen mitzuteilen. Die Beteiligten haben die für die

Mitteilung erforderliche Zahl von Abschriften einzureichen, soweit nicht der Vorsitzende hiervon Befreiung gewährt.

Das Mieteinigungsamt kann von der Mitteilung absehen, wenn das mitzuteilende Schriftstück lediglich Wiederholungen früherer Angaben oder Ausführungen enthält.

§ 7. Das Mieteinigungsamt kann anordnen, daß eine mündliche Verhandlung mit den Beteiligten stattfindet. Es kann das persönliche Erscheinen der Beteiligten anordnen. Gegen die trotz dieser Anordnung nicht erschienenen Beteiligten kann wie gegen einen im Vernehmungstermine nicht erschienenen Zeugen verfahren werden; auf Haft darf nicht erkannt werden. Das Mieteinigungsamt kann andere Personen, die ein rechtliches Interesse an der Entscheidung haben, zu der Verhandlung zulassen.

Das Mieteinigungsamt soll in jeder Lage des Verfahrens auf eine gütliche Einigung der Beteiligten hinwirken.

§ 8. Die Beteiligten können sich durch eine mit schriftlicher Vollmacht versehene Person vertreten lassen. Ist eine schriftliche Vollmacht beigebracht, so sind Ladungen und sonstige Mitteilungen an den Bevollmächtigten zu richten. Ist das persönliche Erscheinen eines Beteiligten angeordnet, so ist neben dem Bevollmächtigten auch der Beteiligte zu laden.

Der Mangel der Vollmacht kann unberücksichtigt bleiben. Ein Vergleich, der von einer nicht mit schriftlicher Vollmacht versehenen Person geschlossen ist, wird erst wirksam, wenn die Vollmacht beigebracht wird; hierfür ist dem Vertreter eine angemessene Frist zu bestimmen.

Von dem fruchtlosen Ablauf der Frist ist den anderen Beteiligten Mitteilung zu machen; auch kann alsbald eine Entscheidung erlassen werden.

Gegenüber Bevollmächtigten und Beiständen, die nicht Rechtsanwälte sind, hat das Mieteinigungsamt die Befugnisse, die dem Amtsgericht im Verfahren über die Aufhebungsklage zustehen (§ 157 der Zivilprozeßordnung[1]), § 12 des Mieterschutzgesetzes).

§ 9. Das Mieteinigungsamt kann den Beteiligten aufgeben, binnen einer bestimmten Frist Tatsachen zur weiteren Aufklärung des Sachverhalts anzugeben und Beweismittel, insbesondere Urkunden, vorzulegen oder Zeugen zu stellen.

Bei Versäumung der Frist kann das Mieteinigungsamt nach Lage der Sache ohne Berücksichtigung der nicht beigebrachten Beweismittel entscheiden.

§ 10. Das Mieteinigungsamt kann auf Antrag oder von Amts wegen Beweise erheben, insbesondere Zeugen und Sachverständige eidlich vernehmen sowie Versicherungen an Eides Statt entgegennehmen. Zeugen und Sachverständige, die in dem Antrag oder in sonstigen Erklärungen der Beteiligten benannt sind, sollen zu der

---

[1]) „Das Gericht kann Bevollmächtigte und Beistände, welche das mündliche Verhandeln vor Gericht geschäftsmäßig betreiben, zurückweisen.

Das Gericht kann Parteien, Bevollmächtigten und Beiständen, denen die Fähigkeit zum geeigneten Vortrage mangelt, den weiteren Vortrag untersagen . . .

Eine Anfechtung dieser Anordnungen findet nicht statt.

Die Vorschriften der Abs. 1, 2 finden auf Rechtsanwälte, die Vorschrift des Abs. 1 auf Personen, denen das mündliche Verhandeln vor Gericht durch eine seitens der Justizverwaltung getroffene Anordnung gestattet ist, keine Anwendung. . ."

nächstfolgenden Verhandlung geladen werden, soweit ihre Vernehmung zur Aufklärung des Sachverhältnisses dienlich erscheint.

Auf die Erledigung des Zeugen- und Sachverständigenbeweises finden die Vorschriften der Zivilprozeßordnung entsprechende Anwendung. Ein Augenschein kann nur durch Beisitzer aus dem Kreise der Vermieter und Mieter gemeinschaftlich erfolgen. Die Zeugen und Sachverständigen erhalten Gebühren nach Maßgabe der Gebührenordnung für Zeugen und Sachverständige.

Die Gerichts- und Verwaltungsbehörden haben innerhalb ihrer Zuständigkeit dem Ersuchen der Mieteinigungsämter um Aufnahme von Beweisen zu entsprechen. Auf die von den Gerichten zu leistende Rechtshilfe finden die Vorschriften des dreizehnten Titels des Gerichtsverfassungsgesetzes entsprechende Anwendung.

§ 11. Die Befugnisse aus § 6 Abs. 2, § 7, § 8 Abs. 3, §§ 9, 10 sowie aus § 40 Abs. 1 Satz 2, Abs. 5 des Mieterschutzgesetzes stehen außerhalb der Sitzungen dem Vorsitzenden zu.

§ 12. Zu der Verhandlung wird ein Schriftführer zugezogen. Er ist bei der ersten Dienstleistung vom Vorsitzenden durch Handschlag an Eides Statt zu treuer und gewissenhafter Führung seines Amts zu verpflichten und hat Amtsverschwiegenheit zu beobachten. Ein Schriftführer ist auch bei einer Vorverhandlung mit den Beteiligten zuzuziehen, wenn ein Vergleich geschlossen wird. Der Zuziehung eines Schriftführers bedarf es nicht, wenn die Vorverhandlung vor dem Gerichtsschreiber (§ 39 Abs. 2 des Mieterschutzgesetzes) abgehalten wird.

Über die Verhandlung (Abs. 1 Satz 1, 3, 4) wird eine Niederschrift aufgenommen, die von dem Vorsitzenden, in den Fällen des § 39 Abs. 2 des Mieterschutzgesetzes von zwei Beisitzern oder dem Gerichtsschreiber und, wenn ein Schriftführer zugezogen wird, auch von diesem zu unterschreiben ist. Sie soll Ort und Tag der Verhandlung, die Bezeichnung der mitwirkenden Personen und der Beteiligten sowie das Ergebnis der Verhandlung enthalten.

Kommt ein Vergleich zustande, so ist er in der Niederschrift festzustellen. Die Niederschrift ist insoweit, als sie einen Vergleich enthält, den Beteiligten vorzulesen oder zur Durchsicht vorzulegen. In der Niederschrift ist zu bemerken, daß dies geschehen und die Genehmigung erfolgt ist.

§ 13. Die Aufrechterhaltung der Ordnung in der Sitzung liegt dem Vorsitzenden ob.

Das Mieteinigungsamt kann gegen Beteiligte, Bevollmächtigte und Beistände sowie gegen Zeugen, Sachverständige und sonstige Personen, die sich in der Sitzung einer Ungebühr schuldig machen, vorbehaltlich der strafgerichtlichen oder disziplinaren Verfolgung, eine Ordnungsstrafe bis zu dem in dem Verfahren vor den ordentlichen Gerichten für Ungebührstrafen zulässigen Geldbetrag oder bis zu drei Tagen Haft festsetzen, auch diese Personen aus dem Sitzungszimmer entfernen lassen. § 158 Satz 1 der Zivilprozeßordnung[1]) gilt entsprechend. Auf Rechtsanwälte, die als Bevollmächtigte oder Bei-

---

[1]) „Ist eine bei der Verhandlung beteiligte Person zur Aufrechterhaltung der Ordnung von dem Orte der Verhandlung entfernt worden, so kann auf Antrag gegen sie in gleicher Weise verfahren werden, als wenn sie freiwillig sich entfernt hätte."

stände auftreten, finden diese Vorschriften keine Anwendung.

Gegen die Festsetzung einer Ordnungsstrafe findet binnen einer Frist von drei Tagen nach der Bekanntgabe Beschwerde statt. Über die Beschwerde entscheidet die Beschwerdestelle. Die Beschwerde hat keine aufschiebende Wirkung. Das Mieteinigungsamt ist befugt, die Strafe aufzuheben oder zu ermäßigen.

Die Befugnisse aus den Abs. 2, 3 stehen bei einer Verhandlung vor dem Vorsitzenden diesem allein zu.

§ 14. Die Entscheidung erfolgt durch Beschluß. Der Beschluß enthält die Namen der Mitglieder, die bei der Entscheidung mitgewirkt haben, und ist von dem Vorsitzenden zu unterschreiben.

Von einer schriftlichen Begründung der Entscheidung soll nur abgesehen werden, wenn die anwesenden Beteiligten oder deren Bevollmächtigte nach mündlicher Mitteilung der Gründe (§ 40 Abs. 4 des Mieterschutzgesetzes) auf die Einlegung der Rechtsbeschwerde und auf die Mitteilung einer schriftlichen Begründung verzichten.

§ 15. In der Entscheidung kann bestimmt werden, daß und in welchem Betrag ein Beteiligter anderen Beteiligten Ersatz der baren Auslagen sowie Entschädigung für eine durch notwendige Reisen oder durch die notwendige Wahrnehmung von Terminen entstandene Zeitversäumnis zu gewähren hat. Die für die Entschädigung von Zeugen geltenden Vorschriften sowie § 41 Abs. 2 Satz 5 des Mieterschutzgesetzes gelten entsprechend.

§ 16. Die Beschlüsse (§ 14) und die Anordnungen auf Grund des § 40 Abs. 5 des Mieterschutzgesetzes sind von dem Schriftführer auszufertigen; er bescheinigt die Übereinstimmung mit der Urschrift.

Die Beschlüsse sind den Beteiligten oder deren Bevollmächtigten (§ 8), soweit sie nicht in deren Gegenwart verkündet sind, in der im § 40 Abs. 1 Satz 3 des Mieterschutzgesetzes vorgeschriebenen Weise mitzuteilen; von einer Mitteilung der Gründe kann, unbeschadet des § 40 Abs. 4 Satz 2 des Mieterschutzgesetzes, abgesehen werden, wenn der Beteiligte zu dem Termin, in dem der Beschluß ergangen ist, geladen, aber weder erschienen noch ordnungsgemäß vertreten war.

§ 17. Die Vollstreckungsklausel zu einem Vergleich ist vom Vorsitzenden oder, sofern die Aufgaben des Mieteinigungsamts dem Gericht übertragen sind (§ 37 Abs. 2 des Mieterschutzgesetzes), von dem Gerichtsschreiber zu erteilen und mit dem Siegel des Mieteinigungsamts oder der Gemeindebehörde zu versehen. Ist der Vergleich von einem Bevollmächtigten geschlossen (§ 8 Abs. 2 Satz 2), so darf eine vollstreckbare Ausfertigung nur erteilt werden, wenn eine schriftliche Vollmacht vorliegt.

In den Fällen des § 726 Abs. 1, der §§ 727 bis 729, 738, 742, 744, des § 745 Abs. 2 und des § 749 der Zivilprozeßordnung ist die vollstreckbare Ausfertigung nur auf Anordnung des Amtsgerichts zu erteilen, in dessen Bezirk das Mieteinigungsamt seinen Sitz hat.

Das im Abs. 2 bezeichnete Amtsgericht ist zuständig für die Entscheidung über Einwendungen, welche die Zulässigkeit der Vollstreckungsklausel betreffen, sowie für die Entscheidung über Erteilung einer weiteren vollstreckbaren Ausfertigung, die ausdrücklich als solche zu bezeichnen ist.

Der § 797 Abs. 5 der Zivilprozeßordnung findet Anwendung.

§ 18. Die Entscheidung ist, soweit sie Gebühren und Auslagen oder die einem Beteiligten zu ersetzenden Kosten (§ 15) betrifft, vollstreckbar. Das gleiche gilt von einem Beschlusse, durch den eine Ordnungsstrafe festgesetzt wird.

Die Vollstreckung richtet sich wegen der einem Beteiligten zu ersetzenden Kosten nach den Vorschriften der Zivilprozeßordnung, im übrigen nach den Vorschriften über die Beitreibung von Gemeindeabgaben.

§ 19. Auf Befreiung von der Kostenlast (§ 46 Abs. 4 des Mieterschutzgesetzes) haben Angehörige solcher Staaten keinen Anspruch, in denen einem Deutschen das Armenrecht in bürgerlichen Rechtsstreitigkeiten versagt wird.

§ 20. Im Falle des § 39 Abs. 3 des Mieterschutzgesetzes beginnt die Frist für die Anrufung des Mieteinigungsamts mit der Bekanntgabe der Entscheidung (§ 16 Abs. 2).

Durch die Anrufung des Mieteinigungsamts wird die Wirksamkeit des angefochtenen Beschlusses gehemmt.

Ist die Anrufung verspätet erfolgt, so spricht das Mieteinigungsamt aus, daß es bei der Entscheidung sein Bewenden behalte. Gegen die Versäumung der Notfrist findet Wiedereinsetzung in den vorigen Stand statt; § 233 Abs. 1[1]), §§ 234[2]), 237[3]), § 238 Abs. 1, 2[4])

---

[1]) „Einer Partei, welche durch Naturereignisse oder andere unabwendbare Zufälle verhindert worden ist, eine Notfrist ... einzuhalten, ist auf Antrag die Wiedereinsetzung in den vorigen Stand zu erteilen."

[2]) „Die Wiedereinsetzung muß innerhalb einer zweiwöchigen (hier einwöchigen) Frist beantragt werden.

Die Frist beginnt mit dem Tage, an welchem das Hindernis gehoben ist; sie kann durch Vereinbarung der Parteien nicht verlängert werden.

der Zivilprozeßordnung gelten mit der Maßgabe entsprechend, daß die im § 234 Abs. 1 bestimmte Frist eine Woche beträgt.

§ 21. Die Rechtsbeschwerde (§ 41 des Mieterschutzgesetzes) ist beim Mieteinigungsamte schriftlich oder zu Protokoll des Schriftführers einzulegen. Die Einlegung bei der Beschwerdestelle genügt zur Wahrung der Notfrist. Der Beschwerdeführer soll die Beschwerde begründen und einen bestimmten Antrag stellen.

Das Mieteinigungsamt hat von Amts wegen zu prüfen, ob die Beschwerde an sich statthaft und ob sie rechtzeitig eingelegt ist. Mangelt es an einem dieser Erfordernisse, so ist die Beschwerde vom Mieteinigungsamt als unzulässig zu verwerfen. Der Beschwerdeführer kann binnen einer Woche nach der Mitteilung des Beschlusses des Mieteinigungsamts die Entscheidung der Beschwerdestelle beantragen. In diesem Falle sind die Akten der Beschwerdestelle vorzulegen.

Nach Ablauf eines Jahres, von dem Ende der versäumten Notfrist an gerechnet, kann die Wiedereinsetzung nicht mehr beantragt werden."

[3]) „Über den Antrag auf Wiedereinsetzung entscheidet das Gericht, welchem die Entscheidung über die nachgeholte Prozeßhandlung zusteht."

[4]) „Das Verfahren über den Antrag auf Wiedereinsetzung ist mit dem Verfahren über die nachgeholte Prozeßhandlung zu verbinden. Das Gericht kann jedoch das Verfahren zunächst auf die Verhandlung und Entscheidung über den Antrag beschränken.

Auf die Entscheidung über die Zulässigkeit des Antrags und auf die Anfechtung der Entscheidung finden die Vorschriften Anwendung, welche in diesen Beziehungen für die nachgeholte Prozeßhandlung gelten. Der Partei, welche den Antrag gestellt hat, steht jedoch der Einspruch nicht zu."

Will das Mieteinigungsamt der Beschwerde abhelfen, so hat es vor der Entscheidung den Beschwerdegegner zu hören.

Wird der Beschwerde nicht abgeholfen, so ist sie mit den Akten, die den mit Gründen versehenen Beschluß zu enthalten haben, binnen drei Tagen der Beschwerdestelle vorzulegen.

In den Fällen der Abs. 1, 2 gilt § 20 Abs. 1, 2, Abs. 3 Satz 2 entsprechend.

§ 22. Die Beteiligten können auf das Recht der Beschwerde verzichten.

Auf den Verzicht sowie die Zurücknahme der Beschwerde finden § 514[1]) und § 515 Abs. 3[2]) der Zivilprozeßordnung entsprechende Anwendung.

§ 23. Für die Beschwerdestelle sind, unbeschadet des § 41 Abs. 3 des Mieterschutzgesetzes, die tatsächlichen Feststellungen der angefochtenen Entscheidung bindend, soweit nicht neue Tatsachen zur Begründung eines wesentlichen Mangels des Verfahrens vorgebracht werden.

§ 24. Hat die oberste Landesbehörde die Aufgaben der Beschwerdestelle dem Landgericht oder einer Verwaltungsbehörde übertragen, so kann sie anordnen, daß die Beschwerdestelle die Sache einem höheren Gericht oder einer höheren Verwaltungsbehörde zur Vorabentschei-

---

[1]) „Die Wirksamkeit eines nach Erlassung des Urteils erklärten Verzichts auf das Recht der Berufung ist nicht davon abhängig, daß der Gegner die Verzichtleistung angenommen hat."

[2]) „Die Zurücknahme hat den Verlust des Rechtsmittels und die Verpflichtung zur Folge, die durch das Rechtsmittel entstandenen Kosten zu tragen. Auf Antrag des Gegners sind diese Wirkungen durch Urteil auszusprechen."

dung über eine Rechtsfrage (Rechtsentscheid) vorzulegen hat oder vorlegen kann, wenn

a) die Beschwerdestelle von der ihr bekannten Entscheidung einer anderen Beschwerdestelle oder des höheren Gerichts (der höheren Verwaltungsbehörde) abweichen will,

b) es sich um eine von dem höheren Gericht (der höheren Verwaltungsbehörde) noch nicht entschiedene Rechtsfrage von grundsätzlicher Bedeutung handelt.

Der Rechtsentscheid ist in der Sache verbindlich.

§ 25. Die Beschlüsse der Beschwerdestelle sind schriftlich zu begründen.

§ 26. Ist die Beschwerdestelle mit einer geraden Zahl von Mitgliedern besetzt, so entscheidet bei Stimmengleichheit die Stimme des Vorsitzenden.

§ 27. Im übrigen gelten für das Verfahren vor der Beschwerdestelle die Vorschriften über das Verfahren vor dem Mieteinigungsamt entsprechend.

§ 28. Auf Verlangen eines Beteiligten hat der Schriftführer des Mieteinigungsamts auf der Ausfertigung der Entscheidung zu bescheinigen, daß die Entscheidung endgültig geworden ist.

§ 29. Soweit die Aufgaben des Mieteinigungsamts oder der Beschwerdestelle einem Gericht übertragen sind, finden die Vorschriften dieser Anordnung mit folgenden Maßgaben Anwendung:

1. An die Stelle des Schriftführers tritt der Gerichtsschreiber.
2. Eine besondere Verpflichtung des Vorsitzenden und des Gerichtsschreibers (§§ 1, 12) findet nicht statt.
3. An die Stelle des § 8 Abs. 2 treten die §§ 88

Abs. 2, 89 der Zivilprozeßordnung, an die Stelle des § 13 die §§ 177 bis 185 des Gerichtsverfassungsgesetzes.

4. Die Vollstreckungsklausel zu einem Vergleiche (§ 17) ist mit dem Gerichtssiegel zu versehen.
5. Die Beitreibung von Gebühren, baren Auslagen des Verfahrens und Ordnungsstrafen (§ 18) bestimmt sich nach den Vorschriften über die Beitreibung von Gerichtskosten.

M.

Preuß. Anordnung, betreffend Übertragung der Geschäfte der Mieteinigungsämter auf die Amtsgerichte.

Vom 25. September 1923 (PrGS. 450).

Auf Grund des § 37 Abs. 2 des Gesetzes über Mieterschutz und Mieteinigungsämter vom 1. Juni 1923 (Reichsgesetzbl. I S. 353) wird bestimmt, daß diejenigen Amtsgerichte, denen auf Grund der am 1. Oktober 1923 außer Kraft tretenden Bekanntmachung zum Schutze der Mieter vom $\frac{\text{23. September 1918}}{\text{22. Juni 1919}}$ die Geschäfte der Mieteinigungsämter übertragen worden sind, diese Geschäfte auch über den 1. Oktober 1923 hinaus wahrnehmen mit der Maßgabe, daß sie, soweit für die Mieteinigungsämter die Zuziehung von Beisitzern vorgeschrieben ist, unter Zuziehung der nach den Vorschriften der ersten

Ausführungsverordnung vom 15. August 1923 (Preuß. Gesetzsamml. S. 405)[1]) bestellten Beisitzer zu entscheiden haben.

Berlin, den 25. September 1923.

Zugleich im Namen des Justizministers
Der Minister für Volkswohlfahrt.
J. V.: Scheidt.

N.

Ausführungsverordnung des preuß. Wohlfahrtsministers zum Gesetz über Mieterschutz und Mieteinigungsämter vom 1. Juni 1923 (Reichsgesetzbl. I S. 353).

Vom 25. September 1923 (PrGS. 449).

Auf Grund der §§ 30 Abs. 2, 37 Abs. 2, 38 Abs. 5, 39 Abs. 1 und 2 und 46 Abs. 1 des Mieterschutzgesetzes bestimme ich, wie folgt:

§ 1. In den Fällen, in denen die gesetzliche Miete gilt, ist der Vermieter wie der Mieter berechtigt zu verlangen, daß der Mietzins in Monatsabschnitten gezahlt wird.

§ 2. Die Mieteinigungsämter sind von den Gemeinden zu errichten. Die Einrichtung gemeinschaftlicher Mieteinigungsämter für mehrere Gemeinden, einen Amtsbezirk oder sonstige Kreisteile oder für den ganzen

[1]) Unten zu O.

Kreis, gegebenenfalls mit Ausschluß von Gemeinden, ist zulässig.

§ 3. Das Mieteinigungsamt besteht aus dem Vorsitzenden und je einem Beisitzer aus dem Kreise der Vermieter und der Mieter.

§ 4. Die Beisitzer der Mieteinigungsämter sind von den Gemeindevertretungen oder Stadtverordnetenversammlungen (Bürgervorsteherkollegien), im Falle des § 2 Satz 2 vom Kreisausschusse zu wählen. Die §§ 2 bis 5 und §§ 7 bis 10 der Ausführungsverordnung des Preußischen Justizministers vom 15. August 1923 (Gesetzsamml. S. 405)[1]) finden entsprechende Anwendung mit der Maßgabe, daß an Stelle des Landgerichtspräsidenten und des Amtsrichters beziehungsweise Amtsgerichts der Vorstand des Kommunalverbandes tritt.

Sind örtliche Hausbesitzer- oder Mietervereine nicht vorhanden, oder reichen sie Vorschlagslisten nicht ein, oder sind die eingegangenen Vorschlagslisten zur Auswahl der erforderlichen Zahl von geeigneten Beisitzern oder Stellvertretern nicht ausreichend, so sind die Beisitzer und Stellvertreter oder die noch fehlende Anzahl von der Gemeindevertretung oder Stadtverordnetenversammlung oder dem Kreisausschuß auf Vorschlag des Vorstandes des Kommunalverbandes unmittelbar zu wählen.

§ 5. Die Entschädigung der Beisitzer der Mieteinigungsämter wird von den Gemeinden geregelt.

§ 6. Die Amtszeit der erstmalig gewählten Beisitzer erstreckt sich auf die Zeit vom 1. Oktober 1923 bis zum 31. Dezember 1924. Ihre Wahl soll durch die

[1]) Unten zu O.

Gemeindevertretung oder Stadtverordnetenversammlung spätestens bis zum 20. September 1923, ihre Auslosung durch den Vorstand des Kommunalverbandes binnen einer weiteren Woche vorgenommen werden.

§ 7. Der Vorsitzende des Mieteinigungsamts kann Vorverhandlungen abhalten, insbesondere einen Augenschein einnehmen, und, falls nicht ein Vergleich zustande kommt, eine Entscheidung treffen, wenn sie sofort erfolgen kann und die Beteiligten es beantragen.

§ 8. Die Höhe der Gebühren setzt das Mieteinigungsamt nach freiem Ermessen unter Berücksichtigung der Bestimmung § 46 Abs. 1 des Mieterschutzgesetzes fest.

Bei der Festsetzung der Gebühren ist der Jahresbetrag der gesetzlichen Miete auf Grund des Monatsbetrags der gesetzlichen Miete zu ermitteln, der für den der Entscheidung des Mieteinigungsamts vorhergehenden Monat Geltung hatte.

Alle vor dem Erlasse dieses Gesetzes ergangenen Gebührenordnungen bleiben in Kraft, sofern sie den gesetzlichen Bestimmungen nicht entgegenstehen.

§ 9. Die Bestimmungen dieser Verordnung treten, soweit es die Vorbereitung der Durchführung des Gesetzes erfordert, sofort, im übrigen am 1. Oktober 1923 in Kraft.

Berlin, den 25. September 1923.

Der Minister für Volkswohlfahrt.
Hirtsiefer.

O.

Erste Ausführungsverordnung des preuß. Justizministers zum Gesetz über Mieterschutz und Mieteinigungsämter vom 1. Juni 1923 (Reichsgesetzbl. I S. 353).

Vom 15. August 1923 (PrGS. 405).

Auf Grund der §§ 7 Abs. 7, 42 Abs. 3 des Mieterschutzgesetzes wird folgendes bestimmt:

§ 1. Die Entscheidung über die durch das Gesetz über Mieterschutz und Mieteinigungsämter vom 1. Juni 1923 geregelten bürgerlichen Streitigkeiten (§§ 7, 27 des Gesetzes) erfolgt durch das Amtsgericht unter Zuziehung von zwei Beisitzern, von denen der eine Vermieter aus dem Kreise der Hausbesitzer, der andere Mieter oder Untermieter ist.

Die Bildung besonderer Abteilungen für bestimmte Arten von Streitigkeiten (z. B. für gewerbliche oder Untermiet- oder Werkwohnungs-Streitigkeiten) ist zulässig.

§ 2. Die für jedes Amtsgericht erforderliche Zahl der Beisitzer und Stellvertreter wird durch den Präsidenten des Landgerichts bestimmt und bis zum 1. Mai jeden Jahres dem Amtsgerichte mitgeteilt. Für das Amtsgericht Berlin-Mitte tritt an Stelle des Präsidenten des Landgerichts der Amtsgerichtspräsident. Die Bestimmung der Zahl der Beisitzer erfolgt in der Art, daß voraussichtlich jeder höchstens zu 12 ordentlichen Sitzungstagen im Geschäftsjahr herangezogen wird.

§ 3. Der Amtsrichter fordert im Mai jeden Jahres durch öffentliche Bekanntmachung die örtlichen Hausbesitzer- und Mietervereine seines Bezirkes auf, Vorschlagslisten bis zum 31. August einzureichen. Hierbei ist die Zahl der Beisitzer und Stellvertreter, deren Bestellung für den Amtsgerichtsbezirk für das nächste Geschäftsjahr in Aussicht genommen ist, mitzuteilen. Gleichzeitig ist darauf hinzuweisen, daß

1. Personen, die nach § 32 des Gerichtsverfassungsgesetzes zum Schöffenamt unfähig sind, und Personen, die nach den §§ 33, 34 des Gerichtsverfassungsgesetzes, § 33 des Preußischen Ausführungsgesetzes zum Gerichtsverfassungsgesetze zum Schöffenamte nicht berufen werden sollen, ferner Personen, die nach § 7 Abs. 3 Satz 2 und 4 des Mieterschutzgesetzes zu Beisitzern nicht bestellt werden sollen oder dürfen, nicht vorzuschlagen sind, und daß auch die Benennung solcher Personen, die nach § 35 des Gerichtsverfassungsgesetzes in Verbindung mit § 4 dieser Verordnung die Berufung ablehnen dürfen, sich nicht empfiehlt;
2. wenn in die Listen auch Personen aufgenommen werden, die als Beisitzer bei einem Mieteinigungsamte tätig sind, dies bei den einzelnen Namen zu vermerken und gleichzeitig anzugeben ist, ob die Personen sich zur Übernahme des Amtes als Beisitzer beim Amtsgerichte neben ihrer Tätigkeit im Mieteinigungsamte bereit erklärt haben;
3. zugleich mit den Vorschlagslisten schriftliche Erklärungen der in die Liste eingetragenen Personen einzureichen sind, in denen sich diese verpflichten, für den Fall ihrer Wahl für Dritte keine berufliche oder ehrenamtliche Tätigkeit auszuüben, die sich auf Mietverhältnisse über Gebäude oder Gebäudeteile bezieht,

und daß im Falle einer Geschäftsvereinigung der in die Liste eingetragenen Personen mit anderen auch die Verpflichtungserklärung dieser Personen, keine solche Tätigkeit im Bezirke des Gerichts gegen Vergütung auszuüben, einzureichen ist.

§ 4. Für die Beisitzer und Stellvertreter gilt der Ablehnungsgrund des § 35 Ziffer 2 des Gerichtsverfassungsgesetzes mit der Maßgabe, daß die Berufung zum Amte eines Beisitzers auch Personen ablehnen dürfen, welche im letzten Geschäftsjahre die Verpflichtung eines Beisitzers oder Stellvertreters an wenigstens 12 Sitzungstagen erfüllt haben.

§ 5. Aus den eingereichten Listen wählt der bei dem Amtsgerichte zur Wahl der Schöffen für die Schöffengerichte zusammentretende Ausschuß für das nächste Geschäftsjahr

1. die erforderliche Zahl von Beisitzern,
2. die erforderliche Zahl von Stellvertretern, welche in der von dem Ausschusse festzusetzenden Reihenfolge an die Stelle wegfallender Beisitzer treten; ihre Wahl ist auf Personen zu richten, welche am Sitze des Amtsgerichts oder in dessen nächster Umgebung wohnen.

Die eine Hälfte der Beisitzer und Stellvertreter ist dem Kreise der Vermieter, welche Hausbesitzer sind, die andere Hälfte dem Kreise der Mieter oder Untermieter zu entnehmen.

Jeder Stellvertreter gilt als zur Vertretung sämtlicher Beisitzer seiner Gruppe bestellt.

Personen, die schon für das gleiche Geschäftsjahr zu

Schöffen ausgewählt oder zu Geschworenen vorgeschlagen sind, sollen nicht gewählt werden.

§ 6. Sind örtliche Hausbesitzer- oder Mietervereine nicht vorhanden oder reichen sie Vorschlagslisten nicht ein oder sind die eingegangenen Vorschlagslisten zur Auswahl der erforderlichen Zahl von geeigneten Beisitzern und Stellvertretern nicht ausreichend, so sind die Beisitzer und Stellvertreter oder die noch fehlende Anzahl aus den in die berichtigte Urliste (§§ 42 und 36 des Gerichtsverfassungsgesetzes in der Fassung des Gesetzes vom 11. Juli 1923 — Reichsgesetzbl. I S 947 —) aufgenommenen Personen zu wählen.

§ 7. Die Namen der gewählten Beisitzer und Stellvertreter aus dem Kreise der Vermieter und der Mieter werden bei jedem Amtsgericht in vier gesonderte Verzeichnisse (Jahreslisten) aufgenommen.

§ 8. Der Amtsrichter hat die gemäß § 6 gewählten Beisitzer, von denen eine Verpflichtungserklärung im Sinne des § 3 Ziffer 3 der Verordnung nicht vorliegt, nach der Wahl alsbald aufzufordern, binnen einer bestimmten Frist die im § 3 Ziffer 3 bezeichnete Verpflichtungserklärung, für die ein Vordruck beizufügen ist, unterschrieben zurückzusenden. Geht die Erklärung innerhalb der gestellten Frist nicht ein, so ist der Beisitzer in der Jahresliste wieder zu streichen.

§ 9. Die Reihenfolge, in welcher die Beisitzer an den einzelnen ordentlichen Sitzungen des Amtsgerichts teilnehmen, wird durch Auslosung in öffentlicher Sitzung des Amtsgerichts bestimmt. Das Los zieht der Amtsrichter. Über die Auslosung wird von dem Gerichtsschreiber ein Protokoll aufgenommen.

Ist die Feststellung der Kalendertage der ordentlichen

Sitzungen für das neue Geschäftsjahr im voraus nicht tunlich, so kann die Auslosung in der Weise erfolgen, daß die Beisitzer für die erste, zweite, dritte Sitzung und so fort ausgelost werden, bis die Zahl der in Aussicht genommenen ordentlichen Sitzungstage erreicht ist.

Die Auslosung wird für die beiden Gruppen von Beisitzern (§ 5 Abs. 2) gesondert vorgenommen.

§ 10. Die §§ 46 bis 50 des Gerichtsverfassungsgesetzes finden entsprechende Anwendung.

Der Eintritt der Stellvertreter an Stelle der zunächst berufenen Beisitzer (§ 49 des Gerichtsverfassungsgesetzes) erfolgt je nach ihrer Zugehörigkeit zu einer der beiden Gruppen von Beisitzern (§ 5 Abs. 2).

§ 11. Die Beisitzer und Stellvertreter erhalten eine angemessene Entschädigung für den ihnen durch ihre Dienstleistung entstehenden Verdienstausfall und für den mit der Dienstleistung verbundenen Aufwand sowie Ersatz der Fahrkosten nach den für Schöffen und Geschworene auf Grund des § 55 des Gerichtsverfassungsgesetzes in der Fassung des Gesetzes über die Entschädigung der Schöffen, Geschworenen und Vertrauenspersonen vom 4. Juli 1922 (Reichsgesetzbl. I S. 561) jeweils bestimmten Sätzen.

§ 12. Die Amtszeit der erstmalig gewählten Beisitzer erstreckt sich auf die Zeit vom 1. Oktober 1923 bis 31. Dezember 1924. Ihre Wahl soll durch den Ausschuß spätestens bis zum 15. September 1923, die Auslosung der Beisitzer durch den Amtsrichter binnen einer weiteren Woche vorgenommen werden.

§ 13. Die Rechtsbeschwerde gegen die Entscheidungen der Mieteinigungsämter (§§ 41ff. d:s Gesetzes vom

1. Juni 1923) geht an das Landgericht, in dessen Bezirk das Mieteinigungsamt seinen Sitz hat.

Die Landgerichte entscheiden über die Rechtsbeschwerde durch eine Zivilkammer.

Berlin, den 15. August 1923.

Der Justizminister.
am Zehnhoff.

P.

Zweite Ausführungsverordnung des preuß. Justizministers zum Gesetz über Mieterschutz und Mieteinigungsämter vom 1. Juni 1923 (Reichsgesetzbl. S. 353).

Vom 22. Oktober 1923 (PrGS. 485).

Auf Grund des § 42 Abs. 3, § 45 Abs. 2, § 46 des Mieterschutzgesetzes in Verbindung mit § 24 der Anordnung für das Verfahren vor dem Mieteinigungsamt und der Beschwerdestelle vom 19. September 1923 (RGBl. I S. 889) wird folgendes bestimmt:

§ 1. Will das Beschwerdegericht bei der Entscheidung einer Rechtsfrage von der ihm bekannten Entscheidung eines anderen Landgerichts oder, falls über die Rechtsfrage bereits eine Entscheidung des Kammergerichts ergangen ist, von dieser abweichen, so hat es die Sache dem Kammergericht unter begründeter Darstellung der eigenen Rechtsansicht zur Vorabentscheidung über die Rechtsfrage (Rechtsentscheid) vorzulegen. Das gleiche kann geschehen, wenn es sich um eine vom Kammergericht noch nicht entschiedene Rechtsfrage von grundsätzlicher Bedeutung handelt. Der Rechtsentscheid des Kammergerichts ist in der Sache verbindlich.

§ 2. (1) Für das Verfahren vor der Beschwerdestelle werden Gebühren erhoben. Auf die Gebühren sind die für die Berufungsinstanz geltenden Vorschriften des Deutschen Gerichtskostengesetzes[1]) in seiner jeweiligen Fassung entsprechend anzuwenden mit der Maßgabe, daß der Berechnung der Gebühren kein höherer Wert zugrunde gelegt werden darf, als der Jahresbetrag der gesetzlichen Miete (§ 1 des Reichsmietengesetzes). Der Jahresbetrag ist auf Grund des Monatsbetrages der gesetzlichen Miete zu ermitteln, der für den der Entscheidung der Beschwerdestelle vorhergehenden Monat Geltung hatte. Der Gesamtgebührenbetrag darf das Fünffache der vollen Gebühr des § 8 des Deutschen Gerichtskostengesetzes[2]) nicht übersteigen.

(2) Neben den Gebühren werden die in dem Verfahren entstandenen baren Auslagen erhoben. Auch für ihre Erhebung gelten die Vorschriften des Deutschen Gerichtskostengesetzes[2]) in seiner jeweiligen Fassung sinngemäß.

(3) Der Ansatz und die Einziehung der Kosten richtet sich nach den für das Verfahren in bürgerlichen Rechtsstreitigkeiten geltenden Vorschriften, soweit nicht der § 46 Abs. 3 bis 5 des Gesetzes[3]) ein anderes bestimmt.

§ 3. Soweit die Aufgaben des Mieteinigungsamts einem Amtsgericht übertragen sind, gelten außer der Vorschrift im § 29 der Anordnung für das Verfahren vor dem Mieteinigungsamt und der Beschwerdestelle vom 19.

[1]) Unten zu Q a, b, insbes. §§ 8, 28.
[2]) Unten zu Q a, b.
[3]) Gemeint ist § 46 des Mieterschutzgesetzes, oben zu K.

September 1923 (RGBl. I S. 889) folgende weitere Vorschriften:

1. Die Feststellung der Sicherung eines Ersatzraums kann schon in dem Prozeßverfahren über die Aufhebung des Mietverhältnisses getroffen werden.
2. Das Gericht kann den Gerichtsschreiber mit der Abhaltung von Vorverhandlungen, insbesondere der Einnahme eines Augenscheins, beauftragen. Außerhalb der Sitzungen kann diese Anordnung der Vorsitzende treffen.
3. Aus Vergleichen, die in einem vor dem Gerichtsschreiber stattfindenden Verfahren geschlossen sind, findet die gerichtliche Zwangsvollstreckung statt.

Berlin, den 22. Oktober 1923.

Der Justizminister.
am Zehnhoff.

Q.

Kostenwesen.

a) Gerichtskostengesetz.

Vom 21. Dezember 1922 (RGBl. 1923 I 12).

§ 2. (1) Eine Erhebung von Stempeln und anderen Abgaben neben den Gebühren findet nicht statt[1]).

[1]) Nach Tarifstelle 73 Abs. 7 PrStempelsteuergesetzes v. 30. 6. 09 in der Fass. des PrGes. v. 25. 7. 23 (PrGS. 341) sind Prozeßvollmachten und Vollmachten zu Verhandlungen vor den Mieteinigungsämtern stempelfrei.

§ 4. (1) Über Erinnerungen des Zahlungspflichtigen .... gegen den Ansatz von Gebühren oder Auslagen entscheidet das Gericht der Instanz gebührenfrei. Die Entscheidung kann von dem Gerichte, welches dieselbe getroffen hat, sowie von dem Gerichte der höheren Instanz von Amts wegen geändert werden.

(3) Die Einlegung von Erinnerungen oder Beschwerden kann durch Erklärung zum Protokolle des Gerichtsschreibers oder schriftlich ohne Mitwirkung eines Anwalts erfolgen.

§ 7. Der Mindestbetrag einer Gebühr ist 100 Mark[1]). Pfennigbeträge sind auf den nächsthöheren Markbetrag abzurunden.

§ 8. In bürgerlichen Rechtsstreitigkeiten werden die Gebühren nach dem Werte des Streitgegenstandes erhoben.

Die volle Gebühr beträgt .... [1])

§ 14. Für Akte, welche einen Teil des Streitgegenstandes betreffen, sind die Gebühren nur nach dem Werte dieses Teiles zu berechnen.

Sind von einzelnen Wertsteilen in derselben Instanz für gleiche Akte Gebühren zu berechnen, so darf nicht mehr erhoben werden, als wenn die Gebühr von dem Gesamtbetrage der Wertsteile zu berechnen wäre; treten für die Akte verschiedene Gebührensätze ein, so ist der höchste Satz maßgebend.

§ 20. Im Prozeßverfahren wird die volle Gebühr (§ 8) erhoben:

1. für das Verfahren im allgemeinen (Prozeßgebühr),

[1]) Jetzt unten zu Q b.

2. für die Anordnung einer Beweisaufnahme (Beweisgebühr),
3. für ein auf Grund streitiger Verhandlung ergehendes End- oder Zwischenurteil (Urteilsgebühr).

§ 23. Wird ein Rechtsstreit durch einen vor Gericht abgeschlossenen oder dem Gerichte mitgeteilten Vergleich erledigt, so fällt eine bereits entstandene Beweisgebühr fort.

§ 25 Jede der im § 20 bezeichneten Gebühren wird in jeder Instanz rücksichtlich eines jeden Teiles des Streitgegenstandes nur einmal erhoben.....

§ 26. Wird die Ergänzung eines Urteils beantragt (Zivilprozeßordnung § 321), so findet, soweit der Antrag nicht zurückgewiesen wird, die Bestimmung des § 14 Anwendung; soweit der Antrag zurückgewiesen wird, wird die volle Gebühr (§ 8) erhoben.

§ 28. In der Berufungsinstanz erhöhen sich die im § 20 bestimmten Gebühren um die Hälfte...

§ 29. Die Prozeßgebühr wird nicht erhoben, wenn die Klage vor Bestimmung des Termins zur mündlichen Verhandlung zurückgenommen wird.

Sie ermäßigt sich auf ein Viertel der Gebühr, wenn die Klage nach diesem Zeitpunkt, jedoch vor der mündlichen Verhandlung zurückgenommen wird.

b) Vierte Verordnung zur Erhöhung der Gerichtskosten.

Vom 30. Oktober 1923 (RGBl. I 1040).

Auf Grund des Artikels VII des Gesetzes zur Änderung des Gerichtskostengesetzes vom 21. Dezember 1922 (RGBl. 1923 I S. 1) wird nach Anhörung des zuständigen

Ausschusses des Reichstags mit Zustimmung des Reichsrats verordnet:

Art. 1. An die Stelle der im Gerichtskostengesetze .... ziffermäßig bestimmten Gebührensätze und Wertgrenzen treten die Beträge, die sich durch Vervielfältigung der im Artikel 2 bestimmten Grundzahlen mit der jeweiligen Teuerungszahl ergeben.

Die Teuerungszahl ist für jede Kalenderwoche die in der vorangegangenen Kalenderwoche vom Statistischen Reichsamt veröffentlichte wöchentliche Reichsindexziffer für die Lebenhaltungskosten unter Abrundung auf den nächsthöheren durch eine Million teilbaren Betrag.

Art. 2. 1. Die Grundzahl der im § 7 bezeichneten Mindestgebühr ist 0,40 Mark.

2. Die volle Gebühr in bürgerlichen Rechtsstreitigkeiten (§ 8) beträgt von dem auf die nächsthöheren 10 Millionen Mark abgerundeten Werte des Streitgegenstandes

bis zu einer Grundzahl von 200 Mark einschließlich 4 vom Hundert,

von dem Mehrbetrage 2 vom Hundert.

6. Die Grundzahl für die Schreibgebühr (§ 71 Abs. 4) ist 0,10 Mark für die Seite.

Art. 3. Bei Berechnung der Gebühren und Schreibgebühren ist die für den Zeitpunkt der Fälligkeit geltende Teuerungszahl (Artikel 1 Abs. 2) zugrunde zu legen....

Art. 4. Die Verordnung tritt eine Woche nach der Verkündung in Kraft[1]).

Sie findet auf anhängige Rechtssachen Anwendung.

[1]) Die die VO. enthaltende Nr. 111 des RGBl. ist am 2. 11. 23 ausgegeben.

Hinsichtlich der vor dem Inkrafttreten fällig gewordenen Gebühren und Schreibgebühren sind jedoch die im Zeitpunkt der Fälligkeit in Kraft gewesenen Sätze maßgebend.

Berlin, den 30. Oktober 1923.

Der Reichsminister der Justiz.
Dr. Radbruch.

R.

Bekanntmachung des Magistrats Berlin zum Reichsmietengesetz.

Vom 30. April 1923 (Gemeindebl. Sonderausgabe hinter S. 126).

Fassung der Bekanntmachung vom 29. Oktober 1923 (GemBl. Sonderausgabe v. 29. 10. 23).

In Kraft in dieser Fassung seit 1. November 1923 (Nr. V Bek. v. 29. 10. 23).

Auf Grund des § 11 des Reichsmietengesetzes vom 24. März 1922 und der hierzu unter dem 12. Juni 1922 (4. August 1923) ergangenen Preußischen Ausführungsverordnung erhält die Bekanntmachung des Magistrats zum Reichsmietengesetz ... mit Zustimmung des Herrn Oberpräsidenten folgende Fassung:

§ 1[1]. Zur Berechnung der Grundmiete sind in Häusern ohne Sammelheizung oder Warmwasserversorgung von der Friedensmiete die folgenden, in Hundertsätzen der Friedensmiete angegebenen Beträge abzuziehen:

---

[1]) Fassung vom 29. 8. 23.

1. für Instandsetzungskosten und die in der Friedensmiete enthalten gewesenen Betriebskosten	20 vom Hundert,
2. Vergütungen, die in der Friedensmiete enthalten sind:	
a) für Nebenleistungen des Vermieters, welche nicht die Raumnutzung betreffen, aber neben der Raumnutzung auf Grund des Mietvertrages gewährt werden (Bereitstellung von Wasserkraft, Elektrizität, Dampf, Preßluft und dgl.)	2 " "
b) für Nebenleistungen des Vermieters, welche zwar die Raumnutzung betreffen, aber nur einzelnen Mietern zugute kommen, z. B. Spiegelglasversicherung . . .	2 " "
c) für Fahrstuhlbenutzung . . .	2 " "
In Häusern mit Sammelheizung bzw. Warmwasserversorgung sind zunächst für die Heizstoffe für Sammelheizung .	9 " "
für die Heizstoffe für Warmwasserversorgung	3 " "

von der Friedensmiete abzuziehen. Der sich so ergebende Betrag ist alsdann um die im Absatz 1 unter Ziffer 1 und 2a bis c genannten Hundertsätze zu kürzen.

§ 2[1]). Zu der Grundmiete treten, in millionenfachen Beträgen der Grundmiete ausgedrückt, folgende Zuschläge:

A. einschließlich der Kosten für Haus-

---

[1]) Fassung vom 29. 10. 23.

reiniger, Hauswart, Heizer, Fahrstuhlführer und dgl. und einschl. der Kosten für das Hausreinigungsmaterial:

a) in einfachen Häusern die . . . . . 300 fache Grundmiete,

b) in Häusern mit Warmwasserversorgung oder Sammelheizung oder Fahrstuhl, wenn eine dieser Einrichtungen im Betrieb ist, die . . . 360 " Grundmiete,

c) in geschlossenen Häusern sowie in Häusern mit Sammelheizung und Warmwasserversorgung und Fahrstuhl, wenn mindestens 2 dieser Einrichtungen im Betrieb sind, die . . . . 420 " Grundmiete,

d) in Geschäfts- und Industriehäusern, die zwar überwiegend Geschäfts- oder Industriezwecken dienen, aber nicht unter Ziffer III der Preußischen Ausführungsbestimmungen zum Reichsmietengesetz vom 4. August 1923[1]) fallen, für nicht gewerblich, nicht zu Büro-, Geschäfts- oder ähnlichen Zwecken genutzte Räume die . . . 420 " Grundmiete,

Eine nicht dauernde Außerbetrieb-

---

[1]) Oben zu C.

setzung bleibt zu b) und c) unberücksichtigt.

B. ausschließlich der Kosten für Hausreiniger, Hauswart, Heizer, Fahrstuhlführer und dgl., jedoch einschl. der Kosten für das Hausreinigungsmaterial in Geschäfts- und Industriehäusern, die zwar überwiegend Geschäfts- und Industriezwecken dienen, aber nicht unter Ziffer III der Preußischen Ausführungsbestimmungen zum Reichsmietengesetz vom 4. August 1923[1]) fallen, für gewerblich, zu Büro-, Geschäfts- oder ähnlichen Zwecken genutzte Räume die . . . . 300 fache Grundmiete,

C. in Häusern, in denen die Mieter am 1. Juli 1914 die gesamte Hausreinigung selbst auszuführen hatten, desgleichen in denjenigen Häusern, in denen später von sämtlichen Mietern eine dahingehende Verpflichtung übernommen worden ist, die . . . . 150 „ Grundmiete,

D. in Häusern, in denen die Mieter am 1. Juli 1914 die Treppenreinigung selbst auszuführen hatten, desgleichen in denjenigen Häusern, in denen später von sämtlichen Mietern eine dahingehende Verpflichtung übernom-

[1]) Oben zu C.

men worden ist, die . . . . 180 fache Grundmiete;

2. für die Kosten für laufende Instandsetzungsarbeiten die . . . . 900 „ Grundmiete.

Das Tapezieren bzw. Anstreichen oder Kalken der Wände und Decken, das Streichen der Fußböden und der Fenster und das Anstreichen der Türen in den Wohnungen oder sonstigen Mieträumen wird von dem Hundertsatz zu 2 ausgenommen.

Soweit Kosten für derartige Arbeiten entstehen, hat sie jeder Mieter gemäß den Preußischen Ausführungsbestimmungen, Ziffer XIX [1]), selbst zu tragen, sofern die Arbeiten nicht durch Naturereignisse, Rohrbrüche, Schwamm, Dachschäden oder durch Verschulden oder Verursachung des Vermieters oder dritter Personen notwendig geworden sind.

Der Vermieter hat in der Zeit vom 1. bis 10. Februar und vom 1. bis 10. August eines jeden Jahres den Mietern oder der Mietervertretung auf Antrag die Verwendung der Gelder für laufende Instandsetzungsarbeiten nachzuweisen.

§ 3[2]). In den nach § 2 zu berechnenden Zuschlägen sind die Nebenleistungen der unter § 1 Ziffer 2a, b und c gedachten Art, die Kosten für die Heizstoffe für Sammelheizung und Warmwasserversorgung, wozu auch die Kosten der Anfuhr gehören, nicht enthalten, desgleichen nicht die Abgabe zur Förderung des Wohnungsbaues.

§ 4[3]). Nach dem Verhältnis der Grundmieten sind

---

[1]) Oben zu C.

[2]) Fassung vom 29. 8. 23.

[3]) Fassung vom 29. 10. 23.

folgende Betriebskosten oder Kosten für Nebenleistungen auf die selbständigen Wohnungen oder die selbständigen Mieträume anderer Art umzulegen:

A) in voller Höhe:

1. die für das Haus zu entrichtenden Grund- und Gebäudesteuern,
2. Entwässerungsgebühren, einschließlich etwaiger Abschlagszahlungen,
3. Straßenreinigungsgebühren,
4. Wassergeld, einschließlich etwaiger Abschlagszahlungen,
5. Schornsteinfegergeld,
6. die Brennstoff- bzw. Stromkosten für Treppen- und Flurbeleuchtung,
7. die Kosten für Müll- und Schlackenabfuhr in denjenigen Häusern, bei denen sie behördlich begrenzt sind,
8. die Zinssteigerung und die Steigerung der Kosten für die Erneuerung der Grundstücksbelastung,
9. die Kosten für die Versicherung gegen Feuer in Höhe von 95 vom Hundert in denjenigen Häusern, die bei der Städtischen Feuersozietät versichert sind.

Steht das Haus in einer besonderen Gefahrenklasse, so gehen die durch die Versicherung des Gebäudes in der höheren Gefahrenklasse entstehenden Mehrkosten zu Lasten desjenigen Mieters (oder Vermieters), der sie verursacht hat.

B) bis zu den nachstehend in millionenfachen Beträgen der Grundmiete angegebenen Höchstsätzen die Kosten für:

1. Müllabfuhr in denjenigen Häusern, bei denen sie behördlich nicht begrenzt sind,

	bis zum monatlichen Höchstbetrage der . . . . Grundmiete,	82 fachen monatl.
2.	Schlackenabfuhr in denjenigen Häusern, bei denen sie behördlich nicht begrenzt sind, bis zum monatlichen Höchstbetrage der . . . . . . Grundmiete,	20 „ „
3.	Kesselreinigung bis zum monatlichen Höchstbetrage der . Grundmiete,	12 „ „
4.	Fäkalienabfuhr bis zum monatlichen Höchstbetrage der . Grundmiete,	175 „ „
5.	Versicherung gegen Feuer in Höhe von 95 v. H. in denjenigen Häusern, die nicht bei der Städtischen Feuersozietät versichert sind, bis zum monatlichen Höchstbetrage der . . . . . . Grundmiete.	80 „ „

Steht das Haus in einer besonderen Gefahrenklasse, so gehen die durch die Versicherung des Gebäudes in der höheren Gefahrenklasse entstehenden Mehrkosten zu Lasten desjenigen Mieters (oder Vermieters), der sie verursacht hat,

6. Versicherung gegen:	
a) Glasschäden bis zum monatlichen Höchstbetrage der . Grundmiete,	20 fachen monatl.
b) Wasserleitungsschäden bis zum monatlichen Höchstbetrage der . . . . . . Grundmiete,	20 „ „
c) Haftpflicht bis zum monatlichen Höchstbetrage der . Grundmiete,	20 „ „
7. die Löhne der Hausangestellten (Hausreiniger, Hauswart, Heizer, Fahrstuhlführer und dgl.) in Geschäfts- und Industriehäusern, die zwar überwiegend Geschäfts- oder Industriezwecken dienen, aber nicht unter Ziffer III der Preußischen Ausführungsbestimmungen zum Reichsmietengesetz vom 4. August 1923[1]) fallen, bis zu der Höhe, in der sie jeweils vom Demobilmachungskommissar für verbindlich erklärt werden, sowie die vom Vermieter zu zahlenden Beiträge für die sozialen Versicherungen.	

---

[1]) Oben zu C.

Bei der Umlegung der Kosten zu A) 1—9 und B) 1—7 sind auch solche Räume zu berücksichtigen, für die nicht die gesetzliche Miete zu zahlen ist, oder die nicht vermietet sind (z. B. eigene Wohnung des Hauswirts, Räume, über die nicht ein Mietvertrag, sondern ein Vertrag anderer Art abgeschlossen ist, und leerstehende Räume).

Bei der Umlegung der Kosten zu B) 7 sind solche Räume nicht zu berücksichtigen, die nicht zu gewerblichen, nicht zu Büro-, Geschäfts- oder ähnlichen Zwecken genutzt werden.

§ 5[1]). Die Umlage gemäß § 4 A 1—9 und B 1—6 erfolgt sofort nach der Vorlegung der Belege (Rechnungen, Quittungen und dgl.), die Umlage gemäß § 4 B Ziffer 7 sofort nach der Lohnzahlung. Die Mieter sind verpflichtet, spätestens am 2. Werktage nach der Vorlegung der Belege bzw. nach der Lohnzahlung die auf sie entfallenden Beträge zu bezahlen.

Die Summe der nach § 4 B umzulegenden Beträge darf im einzelnen die Höchstgrenze nicht überschreiten, die sich aus der Zusammenrechnung der monatlichen Höchstsätze des betreffenden Vierteljahres ergibt.

Hat der Vermieter Beträge zu § 4 B 4 und 5[2]) im voraus zu zahlen, so ist er berechtigt, bis zum Ablauf des Zeitraumes, für den die Vorauszahlung erfolgte, bei jeder Vierteljahrsabrechnung den Mietern die von ihm tatsächlich gezahlte Summe bis zu der Höhe in Rechnung zu stellen, die sich aus der Zusammenrechnung der mo-

[1]) Fassung des Abs. 1 vom 29. 10. 23, der Abs. 2—4 vom 28. 6. 23.

[2]) Muß heißen 5 und 6. Als man § 4 änderte, hat man übersehen, diese Verweisung richtig zu stellen.

natlichen Höchstgrenzen des betreffenden Vierteljahres ergibt.

Kommen in einem Vierteljahr nach B umlagefähige Beträge nicht zur Umlage, so darf die später erfolgende Umlage die Höchstgrenze nicht überschreiten, die sich aus der Zusammenrechnung der Höchstsätze ergibt, die während der Monate, für die die Umlage erfolgt, vom Magistrat festgesetzt waren.

§ 6[1]). Die Kosten der Heizstoffe für Sammelheizung und Warmwasserversorgung, wozu auch die Kosten der Anfuhr gehören, werden auf die beteiligten Rauminhaber umgelegt und zwar die Kosten für Sammelheizung oder Sammelheizung und Warmwasser, wenn beides geliefert wird, unter Zugrundelegung der Quadratmeterzahl der beheizten Fläche der Räume, die Kosten für Warmwasser, wenn dieses allein geliefert wird, unter Zugrundelegung der Quadratmeterzahl der Nutzungsfläche. Der auf die Wohnung des Hauswarts für die Sammelheizung entfallende Kostenanteil wird auf sämtliche Rauminhaber (außer dem Hauswart) nach dem Verhältnis der Grundmieten verteilt.

Der Vermieter ist berechtigt, an jedem Vierteljahresersten — wenn die Mietervertretung bis dahin das für die Heizstoffe erforderliche Einkaufsgeld nicht selbst aufbringt — für den Einkauf der Heizstoffe folgende Vorschüsse zu erheben:

a) bei Sammelheizung und Warmwasserversorgung ein Viertel des Zentnerkokspreises für jedes Quadratmeter der beheizten Fläche,

b) bei Sammelheizung allein ein Sechstel des Zent-

[1]) Fassung der Abs. 1, 2, 4 vom 30. 4. 23, des Abs. 3 vom 28. 6. 23.

nerkokspreises für jedes Quadratmeter der beheizten Fläche,

c) bei Warmwasserversorgung allein ein Dreizehntel des Zentnerkokspreises für jedes Quadratmeter Nutzungsfläche.

Maßgebend für die Berechnung des Vorschusses ist zunächst der zu Beginn des Vierteljahres geltende Kokspreis. Soweit der Vermieter nachweisbar infolge Erhöhung des Kokspreises einen höheren Preis zu zahlen hat, ist er berechtigt, den Unterschiedsbetrag zwischen dem tatsächlich gezahlten Vorschuß und dem Betrage, der sich unter Zugrundelegung des erhöhten Preises als Vorschuß ergeben haben würde, bei Vorlegung der Rechnungen als Nachzahlung auf den geleisteten Vorschuß von den Mietern einzufordern.

Die gezahlten Vorschüsse sind bei der zum 1. April jedes Jahres vorzunehmenden Abrechnung auf die tatsächlichen Kosten zu verrechnen.

§ 7[1]). Als große Instandsetzungsarbeiten gelten nur die im § 5 des Reichsmietengesetzes aufgeführten Arbeiten.

§ 8[2]). Als „Stellen" im Sinne des § 6 Absatz 2 RMG. werden bei jedem Bezirksamt Schlichtungskammern gebildet. Die Schlichtungskammern bestehen aus:

1. einem von dem Bezirksamt zu ernennenden Vorsitzenden der Mieteinigungsamtsabteilung als Vorsitzenden,
2. je einem Vermieter- und Mietervertreter als Beisitzer.

Der Schlichtungskammer wird ein vom Bezirksamt zu

[1]) Fassung vom 29. 8. 23.

[2]) Fassung vom 30. 4. 23.

ernennender technisch und sozial vorgebildeter Beamter oder Festangestellter des Wohnungsamtes mit beratender Stimme beigeordnet.

§ 9[1]. Die Bestimmungen des § 7 Abs. 1—3 RMG. kommen bis auf weiteres nicht zur Anwendung.

§ 10[2]. Die nach § 7 Abs. 4 des Reichsmietengesetzes gemäß den Preußischen Ausführungsbestimmungen vom Mieteinigungsamt festzusetzenden Zuschläge dürfen insgesamt die 40 Millionenfache Jahresgrundmiete nicht übersteigen.

§ 11[3]. Bei der Berechnung der gesetzlichen Untermiete ist zunächst die Miete festzustellen, die der Untervermieter unter Zugrundelegung der gesetzlichen Miete selbst für den leeren Raum zu zahlen hat. Die Höhe dieses Mietzinses muß, falls nur ein Teil des von dem Untervermieter gemieteten Raumes weitervermietet ist, im angemessenen Verhältnis zu dem Gesamtmietzins stehen.

Zu dem auf den leeren Raum entfallenden Mietzins tritt ein Zuschlag für die Überlassung und Abnutzung von Einrichtungsgegenständen, Wäsche, Gardinen, Geschirr usw.

Der Zuschlag darf folgende Hundertsätze der auf den leeren Raum entfallenden Miete nicht übersteigen:

a) bei einfach möblierten Zimmern und Wohnungen 150 vom Hundert,

b) bei bürgerlich möblierten Zimmern und Wohnungen 250 vom Hundert,

c) bei elegant möblierten Zimmern und Wohnungen 500 vom Hundert.

[1] Fassung vom 30. 4. 23.
[2] Fassung vom 29. 10. 23.
[3] Fassung vom 30. 4. 23.

Für die Säuberung der Mieträume und Reinigung der Wäsche, Gardinen und dgl., für die Lieferung von Morgenkaffee, Heizung, Beleuchtung usw., für Bad-, Telefonbenutzung und dgl. sind die ortsüblichen Preise zu zahlen.

Bei Vorhandensein von Sammelheizung und Warmwasserversorgung hat der Untermieter die Kosten hierfür anteilig zu tragen, und zwar müssen die auf ihn entfallenden Kosten im angemessenen Verhältnis zu den auf den Hauptmieter entfallenden Kosten stehen.

Hat der Hauptmieter gemäß § 7 Abs. 4 RMG. einen Zuschlag für große Instandsetzungsarbeiten zu zahlen, so ist der Untermieter verpflichtet, diesen Zuschlag anteilmäßig mitzutragen. Die Erhebung eines besonderen Zuschlages hierzu gemäß Abs. 2 dieses Paragraphen ist unzulässig.

Falls eine Einigung zwischen den Beteiligten nicht zustande kommt, entscheidet auf Anruf eines Vertragsteiles das Mieteinigungsamt.

§ 12[1]). Diese Bekanntmachung tritt mit dem 1. Mai 1923 in Kraft.

Berlin, den 30. April 1923.

Der Magistrat.

---

[1]) Fassung vom 30. 4. 23.

Schlagwortregister.

Es bedeuten die Buchstaben: die Gesetze gemäß dem Inhaltsverzeichnis; die Zahlen: die Paragraphen oder Artikel; die Exponenten: deren Absätze; ein Stern: die Anmerkung.

A.

B.

D.

E.

G.

H.

L.

M.

R.

S.

T.

U.

V.

W.

VII 23. — 15000. 1.

Nr. **13.** **Konkursordnung und Anfechtungsgesetz.** Von R. Sydow. Fortgeführt von L. Busch und O. Krieg. 13. Auflage 1923. Gz 4,5

Nr. **14.** **Gerichtsverfassungsgesetz.** Von R. Sydow. Fortgeführt von L. Busch. 11. Auflage. In Bearbeitung.

Nr. **15.** **Das deutsche Gerichtskostengesetz.** Von R. Sydow. Fortgeführt von L. Busch und F. Koehler. 10. Auflage. — 1920. Mit den Änderungen von 1921. Gz 3

Nr. **16.** **Rechtsanwaltordnung.** Von R. Sydow. 5. Auflage von M. Jacobsohn. Mit Nachtrag von 1910. — 1907. Gz 1,2

Nr. **17.** **Gebührenordnung für Rechtsanwälte und das Preußische Gebührengesetz.** Von R. Sydow. Fortgeführt von L. Busch und O. Krieg. 12. Auflage. — 1922. Gz 4

Nr. **18.** **Reichsstempelgesetz.** Von P. Loeck. Vergriffen. Wird durch Kapitalverkehrssteuergesetz ersetzt. Erläuterte Ausgabe in Bearbeitung. Siehe auch Nr. **131 b**

Nr. **19.** **Die Seegesetzgebung.** Von W E Knitschky. 5. Auflage von O. Rudorff. — 1913 Gz 8

Nr. **20.** **Krankenversicherungsgesetz** siehe Nr **107.**

Nr. **21.** **Die Konsulargesetzgebung.** Von Ph Zorn. 8. Auflage von K. Zorn. — 1911. Gz 4,5

Nr. **22.** **Patentgesetz.** Von R. Lutter. 8. Aufl. — 1920. Gz 4,5

Nr. **23.** **Gewerbe-Unfallversicherungsgesetz** siehe Nr. **108.**

Nr. **24.** **Aktiengesellschaft und Kommanditgesellschaften auf Aktien.** Von H. Keyßner und H. Veit Simon. 7. Aufl. In Bearbeitung.

Nr. **25.** **Brausteuergesetz.** Von A. Düffe. 2. Aufl. — 1910. Gz 2

Nr. **26.** **Münz- und Notenbankwesen.** Von R. Koch. 7. Aufl. In Bearbeitung.

Nr. **27.** **Gesundheitswesen im Deutschen Reich.** Von E. Goesch und J. Karsten. — 1888. Gz 1,5

Nr. **28.** **Bau-Unfallversicherungsgesetz** siehe Nr. **108.**

Nr. **29.** **Erwerbs- und Wirtschaftsgenossenschaften.** Von L. Parisius und H. Crüger. 16. Auflage. — 1922. Gz 2

Nr. **30.** **Invalidenversicherungsgesetz** siehe Nr. **109.**

Nr. **31.** **Gewerbegerichtsgesetz.** Von L. Mugdan. 7. Auflage von W. Cuno. Vergriffen, neue Auflage in Bearbeitung.

Nr. **32.** **Gesellschaften mit beschränkter Haftung.** Von L. Parisius und H. Crüger. 15. Aufl. — 1921. Gz 1,7

Nr. **33.** **Vereins- und Versammlungsrecht.** Von E. Ball. 2. Auflage von F. Friedenthal. — 1907. Gz 2

Reichs-Vereinsgesetz vom 19. April 1908 siehe Nr. **88.**

Die Preise der Bände ergeben sich durch Multiplikation der

Nr. **34.** **Die Abzahlungsgeschäfte.** 3. Auflage von E. Wilke. — 1910. Gz 1,2

Nr. **35.** **Die Reichs-Eisenbahngesetzgebung.** Von W. Coermann. — 1895. (Siehe auch Nr. **66.**) Gz 2

Nr. **36.** **Privatrechtliche Verhältnisse der Binnenschiffahrt und Flößerei.** Von E. Löwe. 6. Auflage — 1923. Gz 4,5

Nr. **37.** **Unlauterer Wettbewerb.** Von A. Pinner. 7. Auflage von A. Elster. — 1921. Gz 1,4

Nr. **38/39.** **Bürgerliches Gesetzbuch nebst Einführungsgesetz.** Von A. Achilles. In Verbindung mit F. André, O. Meyer, O. Strecker, K. v. Unzner herausgegeben von M. Greiff. 11. Auflage. — 1923. Gz 11

Nr. **40.** Gesetz, betr. die **Pflichten der Kaufleute bei Aufbewahrung fremder Wertpapiere [Depotgesetz].** Von F. Lusensky. 3. Auflage. — 1916. Gz 1

Nr. **41.** **Börsengesetz.** Von Th Hemptenmacher. 3. Auflage von O. Meyer. — 1915. Gz 3,5

Nr. **42.** **Grundbuchordnung.** Von O. Fischer. 7. Auflage. — 1920. Gz 3

Nr. **43.** **Zwangsvollstreckung.** Von J. Krech und O. Fischer. 9. Auflage von O. Fischer. — 1922. Gz 3,5

Nr. **44.** **Auswanderungswesen.** Von F Stoerk. — 1899. Gz 2

Nr. **45.** **Das Entmündigungsrecht.** Von P. Koll. — 1900. Gz 1,2

Nr. **46.** **Freiwillige Gerichtsbarkeit.** Von H. Jastrow. 6. Auflage von Herm. Günther. — 1921. Gz 4,5

Nr. **47.** **Das deutsche Vormundschaftsrecht.** Von M. Schultzenstein und P. Köhne. 2. Auflage. — 1901. Gz 2,5

Nr. **48.** Gesetze, betr. den **Drogen-, Gift- und Farbenhandel** außerhalb der Apotheken. Von J. Broh. — 1899. Gz 1,2

Nr. **49.** **Deutsche Kolonialgesetzgebung.** Von Ph. Zorn. 2. Auflage von Sassen. — 1913. Gz 6

Nr. **50.** **Der Viehkauf [Viehgewährschaft].** Von H. Stölzle und H. Weiskopf. 5. Auflage. — 1913. Gz 5,5

Nr. **51.** **Hypothekenbankgesetz.** Von H. Göppert. 2. Auflage von Seidel. — 1911. Gz 2,2

Nr. **52.** **Rechte der Besitzer von Schuldverschreibungen.** Von H. Göppert 2. Auflage von E. Trendelenburg. — 1915. Gz 1,5

Grundzahlen (Gz) mit der jeweils geltenden Schlüsselzahl.

Nr. **53. Reichspreßgesetz.** Von A. Born. 2. Auflage. — 1911. Gz 1,8

Nr. **54.** Verkehr mit **Nahrungsmitteln, Genußmitteln und Gebrauchsgegenständen.** Von G. Lebbin. — 1900. Gz 2

Nr. **55. Beschlagnahme von Lohn- und Gehaltsforderungen.** Von G. Meyer. 5. Auflage. — 1914. Durch Nachträge bis Ende 1921 ergänzt (Nachträge allein. Gz 0,7) Gz 2,3

Nr. **56. Bekämpfung gemeingefährlicher Krankheiten.** Von B. Burkhardt. — 1900. Gz 1,2

Nr. **57. See-Unfallversicherungsgesetz** siehe Nr. **108.**

Nr. **58. Recht der unehelichen Kinder.** Von H. Jastrow. — 1901. Gz 1,6

Nr. **59. Beurkundung des Personenstandes und die Eheschließung.** Von F. Fidler. 2. Auflage. — 1912. Gz 2,3

Nr. **60. Das Urheberrecht an Werken der Literatur und der Tonkunst.** Von O. Lindemann. 4. Auflage. — 1921. Gz 1,8

Nr. **61. Verlagsrecht.** Von B. Marwitz. 3. Auflage. — 1922. Gz 1,6

Nr. **62. Private Versicherungsunternehmungen.** Von H. Könige. 3. Auflage. — 1922. Im Druck.

Nr. **63. Gesetzestafel des deutschen Reichsrechts.** Von H. Bruhns. 2. Auflage. — 1913 Gz 3

Nr. **64.** Gesetzsammlung, betr. den **Handel mit Drogen und Giften.** Von H. Sonnenfeld. 2. Auflage. — 1912. Gz 3

Nr. **65. Weingesetz.** Von G. Lebbin 2. Aufl. — 1909. Gz 2

Nr. **66. Die Eisenbahn-Gesetzgebung.** Von W. Pietsch. 2. Auflage. — 1913. (Siehe auch Nr 91) Gz 3

Nr. **67. Militär-Strafgesetzbuch.** Von A Romen und E. Rissom. 3. Auflage. — 1918. Gz 6

Nr. **68. Fleischbeschaugesetz.** Von G Lebbin und G. Baum. — 1903. Gz 2,8

Nr. **69.** Reichsgesetz über die **Naturalleistungen der bewaffneten Macht im Frieden.** Von W. v. Hippel. — 1903. Gz 1

Nr. **70. Das Reichs-Haftpflichtgesetz.** Von G. Eger — 1903. Vergriffen. — (Kommentar von Seligsohn. — 1920. Gz 8)

Nr. **71. Kinderarbeit in gewerblichen Betrieben.** Von H. Spangenberg. 2. Auflage. — 1904. Gz 1,2

Nr. **72. Unfallversicherungsgesetz** siehe Nr. **108.**

Nr. **73. Entschädigung für unschuldig erlittene Verhaftung und Bestrafung.** Von A. Romen. — 1904. Gz 1,7

Nr. **74. Die Kaufmannsgerichte.** Von M. Apt 3 Auflage. — 1904. (Siehe auch Nr. **112.**) Gz 1,6

Die Preise der Bände ergeben sich durch Multiplikation der

Nr. 96. **Branntweinsteuergesetz.** 3 Auflage von K. Kniebe in Vorbereitung. **Branntweinmonopolgesetz** siehe Nr. **131 a.**

Nr. 97. **Schutzgebietsgesetz.** Von J. Gerstmeyer. – 1910. Gz 2,5

Nr. 98. **Sechs Haager Abkommen über Internationales Privatrecht.** Von H. Dungs. — 1910. Gz 1,5

Nr. 99. **Die Abkommen der Haager Friedenskonferenz.** Vergriffen. Jetzt: Wehberg, **Völkerbundakte.** (Außerhalb der Sammlung.)

Nr. 100. **Kaligesetz.** Von B. Voelkel — 1910. Gz 2,4

Nr. 101. **Zuwachssteuergesetz.** Von W. Cuno — 1911. Gz 3,5

Nr. 102. **Urheberrecht an Mustern und Modellen** und Schutz **von Gebrauchsmustern.** Von J. Neuberg. — 1911. Gz 2,4

Nr. 103. **Reichs-Viehseuchengesetz.** Von W. v. Hippel. 2. Auflage. — 1912. Gz 4

Nr. 104. **Versicherungsgesetz für Angestellte** siehe Nr. **144.**

Nr. 105. **Das Geldwesen in den deutschen Schutzgebieten.** Von W. Hintze. — 1912. Gz 1,8

Nr. 106—109. **Reichs-Versicherungsordnung.** Von F. Caspar und A. Spielhagen. 4 Bände.

Nr. 106. I., V. und VI. Buch. **Gemeinsame Vorschriften. — Beziehungen der Versicherungsträger zu einander und zu anderen Verpflichteten. — Verfahren.** Von K. Lippmann, L. Laß und H Siefart. — 1913. Mit Nachtrag. Von K. Lippmann. – 1920. (Nachtrag einzeln. Gz 0,4) Gz 5

Nr. 107. II Buch. **Krankenversicherung.** Von H. Siefart und F. Sitzler. — 1916. Mit Nachtrag. Von K. Lippmann. — 1920. (Nachtrag einzeln Gz 1,2.) Gz 5,5

Nr. 108. III. Buch. **Unfallversicherung.** Von A. Radtke. — 1913. Mit Nachtrag. Von A Radtke — 1921. (Nachtrag einzeln. Gz 1,6) Gz 6,5

Nr. 109. IV. Buch. **Invaliden- und Hinterbliebenenversicherung.** Von B. Jaup und H. Follmann. — Neudruck 1922. Mit Nachtrag, enthaltend die Ergänzungen 1914—1921. (Nachtrag einzeln. Gz 1.) Gz 3,5

Nr. 110. **Wehrbeitragsgesetz.** Von A. Fernow. 2. Auflage. — 1913. Gz 1,6

Nr. 111. **Reichs- und Staatsangehörigkeitsgesetz.** Von A. Romen. — 1913. Gz 2

Nr. 112. **Kaufmannsgerichtsgesetz.** Von H Depène. — 1914. Gz 2,6

Nr. 113. **Postscheckgesetz.** Von J Weiland — 1914. Mit Nachtrag 1918. Gz 1,5

Die Preise der Bände ergeben sich durch Multiplikation der

Nr. 132. **Umsatzsteuergesetz.** Von Otto Lindemann. 3. Auflage. — 1923. Gz 4

Nr. 133. **Reichswuchergesetzgebung.** Von Ad. Lobe. —1918. Gz 2,8

Nr. 134. **Die Friedensverträge.** Von Karl Strupp. I. Die Ostfrieden. — 1918. Gz 6

Nr. 135. **Erbbaurecht.** Von H. Günther. — 1919. Gz 2

Nr. 136. **Militärversorgungsgesetze.** Von Hermann Günther. — 1919. Gz 2,3

Nr. 137. **Verfassung des Deutschen Reiches.** Von A. Arndt. 2. Auflage. — 1921. Gz 2,5

Nr. 138 a. **Arbeiterschutz und Arbeitsrecht.** Von A. Günther. — 1920. Gz 5

Nr. 138 b. **Betriebsrätegesetz.** Von A. Günther.—1920. Gz 2

Nr. 139. **Grunderwerbsteuergesetz.** Von Otto Lindeman. — 1919. Gz 1,8

Nr. 140. **Die Siedelungsgesetzgebung im Reich und in Preußen.** Von W. Holzapfel. — 1920. Gz 3

Nr. 141. **Sozialisierungsgesetze.** Von Otto Reier. — 1920. Gz 2,2

Nr. 142. **Wirtschaftliche Demobilmachung.** Von Gg. Fischbach. — 1920. Gz 1

Nr. 143. **Reichsabgabenordnung.** Von Nieberl — 1923. Gz 4

Nr. 144. **Versicherungsgesetz für Angestellte.** Von Lippmann. — 1920. Gz 3,5

Nr. 145. **Steuer- und Kapitalflucht.** Von E. H. Meyer. 2. Auflage. — 1921 Gz 1,6

Nr. 146. **Tabaksteuergesetz.** Von Wündisch. Mit Nachtrag, enthaltend alle Neuerungen. — 1920. Gz 3

Nr. 147. **Filmzensur.** Von Szczesny. — 1920. Gz 1,5

Nr. 148. **Reichsausgleichsgesetz.** Von Decke. — 1920. Gz 1,5

Nr. 149. **Reichsnotopfergesetz.** Von Friedmann und Wrzeszinsky. — 1921. Gz 4

Nr. 150. **Reichsschädengesetze.** Von Adolf Hohenstein und Wenzel Goldbaum. — 1922. Gz 4

Nr. 151. **Reichseinkommensteuergesetz.** Von A. Hirschburger. 1923. Gz 7,5

Nr. 152 **Wohlfahrtsgesetze.** Von Behrend und Stranz-Hurwitz 1923. Im Druck.

Nr. 153. **Zwangsanleihegesetz.** Von Simon und Beutner 1923 Im Druck.

Die Preise der Bände ergeben sich durch Multiplikation der

B. Preußische Gesetze.

Nr. 1. **Die Verfassung des Freistaats Preußen.** Von A. Arndt. — 1921. Gz 1,8
Ausführlicher Kommentar von Stier-Somlo. — 1921. Gz 5

Nr. 2. **Preußische Beamten-Gesetzgebung.** Von K. Pfafferoth. 5. Auflage. — 1916. Gz 2,4

Nr. 3. **Notteſtamente.** Von E Kurtz. — 1904. Gz 1,5

Nr. 4. **Gebührenordnung für Notare.** Von Rausnitz. 5. Auflage. — 1917. Gz 2,2

Nr. 5. Gesetz vom **24. April 1854 [betr. die außereheliche Schwängerung].** Von Schulze. — 1873. Gz 0,7
Reichsrecht siehe Reichsgesetze Nr. **58.**

Nr. 6—9 vergriffen.

Nr. **10. Einkommensteuergesetz** siehe Reichsgesetze Nr. **151.**

Nr. **11. Gewerbesteuergesetz.** Von A. Fernow. Vergriffen.

Nr. 12. **Allgemeines Berggesetz.** Von Schlüter und Hense. 3. Auflage — 1913. Vergriffen.

Nr. 13. **Ergänzungssteuergesetz.** Von A. Fernow. 5. Aufl. Gz 4

Nr. 14. **Kommunalabgabengesetz.** Von F. Adickes. 6. Auflage von Falk. — 1922. Gz 3,5

Nr. 15. **Die Kreisordnungen.** Von O. Kolisch. — 1894 Gz 4

Nr. 16. **Konzessionierung gewerblicher Anlagen.** Von W. v. Rüdiger. 2. Auflage. — 1901. Vergriffen.

Nr. 17. **Preußisches Gerichtskostengesetz.** Von P. Siméon. 7. Auflage. — 1913. Mit Nachtrag von 1919 und 1920. Gz 4

Nr. 18. **Preußisches Stempelsteuergesetz.** Von P. Loeck und W. Seyffarth. 9. Auflage mit Nachtrag von Eiffler. — 1922. Gz 7,5

Nr. 19. **Jagdscheingesetz.** Von F Kunze 2 Aufl — 1899. Gz 2

Nr 20. **Die preußischen Erbschaftssteuergesetze.** Von U. Hoffmann — 1905. Gz 3
(**Reichs**-Erbschaftssteuergesetz siehe Reichsgesetze Nr. 77)

Nr. 21. **Handelskammern.** Von F. Lusensky. 2. Auflage. — 1909 Gz 3

Nr. 22. **Anstellung und Versorgung der Kommunalbeamten.** Von W Ledermann. 2. Auflage von L. Brühl. — 1914. Gz 2

Grundzahlen (Gz) mit der jeweils geltenden Schlüsselzahl.

Nr. 23. **Ausführungsgesetze zum Bürgerlichen Gesetzbuche.** Von P. Siméon. 3. Auflage. — 1914. Gz 2,2

Nr. 24. **Die Hinterlegungsordnung (1879).** Von G. Bartels. 2. Auflage. — 1908. Gz 2

— —, Abänderungsgesetz vom 21. April 1913 siehe Nr. **53.**

Nr. 25. **Preußische Kommunalbeamtengesetzgebung.** Von F. Kremski. — 1901. Gz 3

Nr. 26. **Diensteinkommen der Lehrer und Lehrerinnen.** Von E. Cremer. — 1900. Gz 2,2

Nr. 27. **Warenhaussteuer.** Von G. Strutz. — 1900. Gz 1,2

Nr. 28. **Die Fürsorgeerziehung Minderjähriger.** Von P. F. Aschrott. 3. Auflage. — 1917. Gz 2,8

Nr. 29. **Ärztliche Ehrengerichte, das Umlagerecht und die Kassen der Ärztekammern.** Von F. Fidler. — 1901. Gz 1,5

Nr. 30. **Preußisches Staatsschuldbuch** und **Reichsschuldbuch.** Von J. Mücke. — 1902. Gz 2

Nr. 31. **Die preußischen Gesindeordnungen.** Zwei Bände. Von St. Gerhard.

31 a. Altpreußische Provinzen und Rheinland. 2 Auflage. — 1914. Gz 3

31 b. Hannover, Schleswig-Holstein, Hessen-Nassau und Hohenzollern — 1902. Gz 2,5

Nr. 32. **Städteordnung.** Von W. Ledermann und L. Brühl. 2. Auflage. — 1913. Gz 7

Nr. 33. **Rentenguts- und Anerbenrechts-Gesetzgebung.** Von M. Peltasohn und B. Peltasohn. — 1903. Gz 2,8

Nr. 34. Sammlung der wichtigsten **preußischen Strafgesetze.** Von Lindemann. 2. Auflage. — 1912. Gz 3,5

Nr. 35. **Geschäftsordnung für Gerichtsvollzieher.** Von E. Exner. — 1904. Gz 3

Nr. 36. **Polizeiverordnungen in Preußen.** Von O Lindemann. — 2. Auflage. 1912. Gz 2,5

Nr. 37. **Enteignung von Grundeigentum.** Von O. Meyer. 2. Auflage. — 1911. Gz 2,2

Nr. 38. **Kreis- und Provinzial-Abgabengesetz.** Von F. Schmidt — 1906. Gz 1,2

Nr. 39. **Unterhaltung der öffentlichen Volksschulen.** Von A. Marcks, — 1906. Gz 1,8

Nr. 40. **Verwaltungsstrafverfahren.** Von R Katzenstein — 1907. Gz 3,5

Nr. 41. **Die preußischen Jagdpolizeigesetze.** Von F Kunze und R. Kühnemann. 2. Auflage. — 1907 Gz 3,5

Die Preise der Bände ergeben sich durch Multiplikation der

Nr. 42. **Allgemeine Landesverwaltung** und **Zuständigkeit der Verwaltungs- und Verwaltungsgerichtsbehörden.** Von K. Friedrichs. 2 Auflage. — 1921. Gz 3

Nr. 43. **Verschuldungsgrenze** für land- und forstwirtschaftlich benutzte Grundstücke. Von R. Leweck. — 1908. Gz 2,4

Nr. 44. **Quellenschutzgesetz.** Von E. Voelkel. — 1909. Gz 1

Nr. 45. **Rechtsverhältnisse der Juden in Preußen.** Von M. Kollenscher. — 1910. Gz 2,4

Nr. 46. **Austritt aus der Landeskirche.** Von H. Caro. — 1911. Gz 2,4

Nr. 47. **Feuerbestattung.** Von W. Lohmann — 1912. Gz 1,5

Nr. 48. **Zweckverbandsgesetz für Groß-Berlin.** Von L. Brühl, K. Gordan und W. Ledermann — 1912. Gz 4

Nr. 49. **Gesetze gegen die Verunstaltung landschaftlich hervorragender Gegenden.** Von O Goldschmidt — 1912. Gz 2,4

Nr. 50. **Gesetz, betr. die Anlegung und Veränderung von Straßen und Plätzen in Städten und ländlichen Ortschaften.** Von O. Meyer. — 1913. Gz 3

Nr. 51. **Das preußische Disziplinargesetz für die nichtrichterlichen Beamten.** Von E. v. Dultzig. — 1914. Gz 4,2

Nr. 52. **Preußisches Wassergesetz.** Von G. Wulff und F. Herold — 1913. Gz 4,5

Nr. 53. **Hinterlegungsordnung** von 1913 Von Hagemann. — 1914. Gz 2,2

Nr. 54. **Anlegung von Sparkassenbeständen in Inhaberpapieren.** Von H. Döhring. — 1914. Gz 2,8

Nr. 55. **Preußisches Wohnungsgesetz.** Von B. Schmittmann. — 1918. Gz 2,6

Nr. 56. **Das preußische Tumultschadengesetz.** Von Bruno Friedländer. — 1919. Gz 0,6

Nr. 57. Gesetz über **Landeskulturbehörden.** Von W. Holzapfel. — 1920. Gz 1,6

Nr. 58. **Arbeitsnachweis.** Von P. Wölbling — 1920. Gz 0,7

Nr. 59. **Bildung der neuen Stadtgemeinde Berlin.** Von P. Wölbling. 2. Auflage. — 1920. Gz 1

Nr. 60. **Umlegungsordnung.** Von W. Holzapfel. — 1921. Gz 1

Grundzahlen (Gz) mit der jeweils geltenden Schlüsselzahl.

Die Preise der Bände ergeben sich durch Multiplikation der Grundzahlen (Gz) mit der jeweils geltenden Schlüsselzahl.

Guttentagsche Sammlung
von
Textausgaben ohne Anmerkungen mit Sachregister.

Betriebsrätegesetz.	Gz 0,5
Bürgerliches Gesetzbuch. 14. Auflage.	Gz 4
Erbschaftssteuergesetz m. Ausführungsanweis 2 Auflage.	Gz 0,7
Freiwillige Gerichtsbarkeit. — 1920.	Gz 1
Handelsgesetzbuch mit **Seerecht.** 10 Auflage — 1921.	Gz 2,6
Konkursordnung. 2. Auflage. — 1915.	Gz 0,7
Kriegsgewinnsteuer. — 1916.	Gz 0,4
Die Kriegssteuergesetze. 2. Auflage. — 1917.	Gz 0,8
Militärstrafgerichtsordnung m. **Einführungsges.** — 1901	Gz 1,3
Militär-Strafgesetzbuch. 2. Auflage. — 1916.	Gz 0,5
Reichseinkommensteuer — Körperschaftssteuer — Kapitalertragssteuer — Landessteuer.	Gz 1
Einkommensteuergesetz in der Fassung v. 24. März 1921 mit **Ausführungsbestimmungen,** durch Nachträge ergänzt.	Gz 1,4
Reichsfinanz- und Steuergesetze. 1922.	Gz 2
Reichsfinanzgesetze von 1909. — 1909	Gz 2,6
Reichsmietengesetz. — 1922.	Gz 0,5
Reichsnotopfergesetz.	Gz 0,5
Reichsversicherungsordnung.	Vergriffen.
Strafgesetzbuch. — 1921.	Gz 1,2
Strafprozeßordnung. 4. Auflage. — 1922.	Gz 3
Umsatzsteuergesetz. — 1920.	Gz 0,6
Verkehrs- u. Kohlensteuer u. Kriegssteuerzuschlag. 1917.	Gz 0,6
Verfassung des Deutschen Reiches v. 11. 8. 1919 2. Auflage.	Gz 0,6
Verfassung des Freistaates Preußen.	Gz 0,6
Versicherungsgesetz für Angestellte. — 1911. S. R. 144.	Vergriffen.
Wechselordnung. — 1908.	Gz 0,5
Wehrbeitrag und **Besitzsteuer.** — 1913.	Gz 0,5
Zivilprozeßordnung mit **Gerichtsverfassungsgesetz** und **Einführungsgesetzen.** — 1921	Gz 2,6
Zuwachssteuergesetz. — 1911.	Gz 0,5
— **Ausführungsbestimmungen.** — 1911.	Gz 0,4
Preuß. Ausf.-Anweis. zur **Gewerbeordnung.** 1904.	Gz 1

Schlagwort-Register

R. = Nummer der Sammlung Deutscher Reichsgesetze.
P. = Nummer der Sammlung Preußischer Gesetze.
S. = Seite.

Schlagwort-Register. (R. = Reichsgesetz, P. = preuß. Gesetz.)

Schlagwort-Register. (R. = Reichsgesetz, P. = preuß. Gesetz.)

Schlagwort-Register. (R. = Reichsgesetz, P. = preuß. Gesetz.)

FSC
www.fsc.org
MIX
Papier | Fördert
gute Waldnutzung
FSC® C083411

Kolibri 360 GmbH
Ferdinand-Jühlke-Straße 7
99095 Erfurt, Deutschland
produktsicherheit@kolibri360.de